Luhmann
und das Schulsystem

Foto vom 19. 11. 2018, gemeinfrei *via* flickr
photos/78423546@N06/51798370118

Stefan Blankertz | Wortmetz | Lyrik und Politik für
Toleranz und gegen Gewalt | ewiger Student der Akademie
für neoliberalen Kulturmarxismus | Schulkritiker seit 1970

# STEFAN BLANKERTZ

# Antiherrschaftlicher Widerstand ist keine Systemkategorie

## Luhmann und das Schulsystem

### edition g. 125

**Rothbard Institut**
FÜR IDEOLOGIEKRITIK

Originalausgabe
Herstellung und Verlag:
BoD – Books on Demand, Norderstedt
© 2023 Stefan Blankertz,
editiongpunkt.de

Der Umschlag zeigt ein verwildertes »Long Schoolhouse« südlich von Martinsville (Indiana, USA), erbaut 1883, Foto vom 11. November 2011, gemeinfrei *via* Wikipedia File:Long_Schoolhouse_through_the_trees.jpg

ISBN 978-3-7568-5545-2

# Inhalt

# Vorab

**[§01]** Was die öffentlichen Schulen betrifft, dominieren die Fragen, warum es so unüberwindliche Disziplinprobleme zu geben scheint, warum etliche Schüler scheitern und warum Lehrersein einer der Berufe mit der höchsten Rate von Frühverrentung ist. Für Schüler, Lehrer und Eltern ist Schule oft kein Ort des beschaulichen Lernens, vielmehr täglicher Krampf. Kann Luhmanns Systemtheorie helfen, die Fragen zu beantworten (und einen Ausweg zu finden)? Nein. Denn Luhmann rechtfertigt die gegenwärtige Schulorganisation als die allein vernünftige Form der Erziehung; er bestreitet die Möglichkeit einer humanen Alternative.

**[§02]** Dagegen eignet die Feldtheorie Kurt Lewins (ab S. 89) sich, um zu ergründen, wie Schulpflicht, Berechtigungswesen und staatliche Finanzierung des Schulsystems in den schulischen Alltag hinein wirken und Schüler, Lehrer und Eltern zu unerbittlichen Feinden machen. Was wir brauchen, ist eine Besinnung darauf, dass Pädagogik eine Voraussetzung hat: Freiwilligkeit.

»*Antiherrschaftlicher Widerstand ist keine Systemkategorie. [Systemtheorie führte] zur Unterschätzung der ökonomischen Basisproblematik und zur Überschätzung von Kommunikationsstrategien.*«[1] Christian Sigrist befasste sich mit Luhmanns Hauptwerk *Soziale Systeme* (1984) und stellte die Systemtheorie polemisch in den Kontext des US-Imperialismus. Den (vulgär-) marxistischen Antikapitalismus, der mit ethnologischen Erkenntnissen, wie er wusste, in Spannung steht, teile ich nicht. Seine Luhmann-Kritik, dessen Systemtheorie fehle die Kategorie des Widerstands, nehme ich aber zum Ausgangspunkt. *Widerstand bezeichnet*, so Sigrist, *eine primäre Verhaltensweise*. Der Mensch vergesellschafte sich ursprünglich im Widerstand gegen Herrschaftsbildung; insofern gehe der Widerstand der Herrschaft voraus (mehr hierzu ab S. 115).

**[§03]** Die Schule wäre Überforderung an Sitz- und Unter-forderung an Denkleistung, pflegte mein Vater zu sagen. Dass er das irgendwo geschrieben hätte, weiß ich nicht; demgemäß handelt es sich um eine rein mündliche Tra-dierung. Ich erinnere mich an einen zweiten – für mich – entscheidenden Satz. Er war in den 1970er Jahren bis zu seinem Tod engagiert bei der Entwicklung (s)einer Schul-reform (der »Kollegschule NRW«). Als er in einem Inter-view gefragt wurde, was er sich für den Start wünsche, habe er geantwortet (so erinnere ich mich, dass er es mir berichtete), er wünsche sich, nur solche Lehrer mögen in seiner Schule unterrichten und nur solche Schüler mögen sie besuchen, die dies wollten. – (Allerdings fand ich später nie heraus, wann und wo er das gesagte hätte.)

**[§04]** Inwiefern diese beiden Überlieferungen väterlicher Autorität sich in den Gedanken auf den folgenden Seiten niederschlagen, wird sich beim Lesen erschließen. Auch will ich nicht verschweigen, dass Christian Sigrist als mein Doktorvater ebenfalls eine Autorität für mich ist. Immer noch und immer mehr. Diesen beiden Vätern sei das Buch gewidmet, eingedenk, dass Jacques Derrida meint, »wahre Anarchie hat väterlich zu sein«.[2]

**[§05]** Blättern in Paul Goodmans *Verhängnis der Schule*, als das ich 1974 *Compulsory Mis-education* (1964) übersetzte und 1975 in der von meinem Vater herausgegebenen Reihe Fischer Athenäum Taschenbücher publizieren durfte. Was ich dort lese, findet sich, o Wunder, in meiner kritischen Analyse von Luhmanns *Erziehungssystem der Gesellschaft* 48 Jahre später wieder; etwa die folgenden Highlights an immer noch gültigen Einsichten. (Ich zitiere sie so, wie ich sie damals übersetzt habe, obwohl es mich in den Fingern juckt, hier und da stilistische und gar inhaltliche Eingriffe vorzunehmen, 48 Jahre später.)

\* **8** \*

»Laßt uns sehen, wie es sein kann, daß ein großes Schulsystem überhaupt nichts mit Erziehung zu tun hat. Das New Yorker System verschlingt mehr als 700 Millionen Dollar jährlich, Kapitalsteigerungen nicht eingerechnet. Es gibt 750 Schulen in New York, von denen jährlich ca. 15 erneuert werden, was noch einmal 2 bis 5 Millionen Dollar kostet. Es gibt 40000 bezahlte Angestellte. Dahinter aber stehen gewaltige Interessen, und es ist sehr wahrscheinlich, daß dieses System ebenso wie ein großer Teil unserer politischen Strukturen, von denen die Elementarschule ein Teil ist, um seiner selbst willen weiterfunktioniert, während es eine Million Menschen beschäftigt, den Wohlstand, die Zeit und den Raum für irgend etwas anderes wegnimmt. Es ist ein gigantischer Markt für Schulbuchhersteller, Bauunternehmer und Pädagogische Fakultäten.«

»Der Grundriß eines solchen Systems ist alt, er hat sich bis heute nicht geändert, obwohl der gegenwärtige Handlungsraum dem Umfange nach anders ist, als er früher war, und deshalb eine andere Bedeutung haben muß. Z. B. schlossen um 1900 6 % der 16jährigen mit der High-School ab und weniger als ein halbes Prozent ging zum College; 1963 schlossen 65 % mit der High-School ab und 35 % gingen zu etwas, was College genannt wird. Ebenso groß ist der Unterschied zwischen der Schulzeit, die unterbrochen wird vom Leben auf einer Farm bzw. in einer Stadt mit vielen kleinen Jobs, und einer Schulzeit, die die einzig ›seriöse‹ Beschäftigung des Kindes ist und oft einziger Kontakt mit der Erwachsenenwelt. Eine vielleicht veraltete Institution ist so der fast einzig statthafte Weg des Aufwachsens geworden. Und mit dieser Vereinnahmung wird eine beschränkte Erfahrung intensiviert, z. B. in der Form von Curriculum und Prüfungen entsprechend den Vorschriften der ›Graduate-Schools‹, die örtlich und zeitlich weit entfernt sind. Ebenso wie unsere amerikanische Gesellschaft im ganzen immer straffer organisiert wird, so ist ihr Schulsystem, als Teil jener Organisation, immer mehr reglementiert.«

»Andere arme Jugendliche, in eine Situation getrieben, die ihren Veranlagungen nicht gerecht wird, für die sie auch ihre Verhältnisse nicht vorbereitet haben und die sie auch nicht interessiert, entwickeln eine reaktive Dummheit, ganz anders als ihr Verhalten auf der Straße oder auf dem Sportplatz.«[3]

[§06] Für mich als ein unglücklicher und (bis auf die beiden letzten Jahre) miserabler Schüler war diese **Schulkritik** ein Rettungsanker. Während ich *Compulsory Mis-education* übersetzte, schrieb ich in Englisch Fünfen und Sechsen. Erst danach wählte ich Leistungskurs »Englisch« und hatte das Glück, einen Lehrer zu bekommen, der Verständnis für mein von Goodman geprägtes *American English* zeigte. Paul Goodman geistert auf allen folgenden Seiten umher. Danke, Paul.

[§07] & für all die Kinder, die gern zur Schule gehen, und all die Lehrer, die gern unterrichten: Möge eure Schule noch schöner werden; ohne Nörgler, Störer oder andere blöde Zeitgenossen, die einem's Lernen oder Lehren verleiden. »Offensichtlich wären Schulen ohne den uninteressierten, verdrossenen Ballast besser dran« (Paul Goodman, 1969).[4]

[§08] Dieses Buch begann damit, dass Thomas Schübel mich einlud, für seinen Sammelband »Perspektiven der Gestalt-pädagogik« einen Beitrag zu verfassen. Meine Idee war, die Systemtheorie Luhmanns mit Lewins Feldtheorie zu konfrontieren, um herauszufinden, mit welchem Ansatz die Schulwirklichkeit besser zu verstehen sei. Für den Beitrag, der dann den Titel »Gestaltpädagogik als Machtkritik« erhielt, hatte ich mehr Material gesammelt, als im Umfang von zwölf Seiten unterzubringen waren; und so wurde dies Buch draus.

[§09] Den Hinweis auf Jürgen Markowitz (S. 69-85) verdanke ich Heiko Kleve, nachdem er Teile meiner Kritik an Niklas Luhmann gelesen hatte.

[§10] Jürgen Markowitz: »Junge Menschen mit erheblichem Bewegungsdrang [müssen in der Schule] für die Dauer mehrerer Stunden eines Tages möglichst bewegungslos an einer Stelle sitzen bleiben und ihnen [wird] außerdem auch noch minutiös vorgeschrieben, wann sie mit wem worüber und wie reden dürfen« (vgl. Anm. 135).

# Systemtheorie

Verlassene Schule in Coin, Iowa
Foto: Jo Naylor, 13. 6. 2009, CC-BY *via* flickr
photos/pandora_6666/3620259267

# Zukunft einer Illusion

## Das Erziehungssystem

**[§01]** Nicht bloß für die soziologische Theoriebildung spielt die Systemtheorie in ihrer Luhmann'schen Version eine prägende Rolle, sondern auch als Horizont von Beratung, Coaching und Therapie namens eines »systemischen« Ansatzes. Inwiefern sich solch eine praktische Verwendung der Luhmann'schen Theorie tatsächlich auf ihn beziehen kann, liegt freilich im Dunkeln. Anhand von Luhmanns *Das Erziehungssystem der Gesellschaft*, ein Text, an dem er bis zu seinem Tod 1998 schrieb und der 2002 posthum von Dieter Lenzen herausgegeben wurde, untersuche ich die Frage, wie viel bzw. wenig seine Systemtheorie dazu beiträgt, die Institution Schule kritisch zu reflektieren und gegebenenfalls zu Prozessen der Verbesserung beizutragen. Seine andere Monographie zum Thema, *Reflexionsprobleme im Erziehungssystem*, die er 1979 gemeinsam mit dem Erziehungswissenschaftler Karl-Eberhard Schorr publizierte, ziehe ich nur sporadisch zu Rate; warum das so ist, erkläre ich am Ende der Auseinandersetzung. Als ein neoliberaler Kulturmarxist unterziehe ich mit ihr die Luhmann'sche Konstruktion eines Erziehungs- (= Schul-) Systems der dekonstruktivistischen Lektüre. Im zweiten Schritt – *Machtfrage* – werte ich die beiden Abhandlungen Luhmanns zur Macht bezogen auf seine Darlegungen zum Erziehungssystem aus. Als dritten Schritt – *Unbehagen in der Schule* – lese ich das Buch des Luhmann-Schülers Jürgen Markowitz zum »Verhalten im Systemkontext (am Beispiel des Schulunterrichts)« daraufhin, ob die bei meiner Luhmann-

Lektüre entdeckten Defizite sich mit seinem Konzept des
»(sozialen) Epigramms« heilen lassen.

## Was ist ein »System«?

**[§02]** Als »System« bezeichnet Luhmann eine Organisation,
die 1. eine gesellschaftliche Funktion (wie beispielsweise
Rechtsprechung oder eben Erziehung) erfüllt, 2. »operativ«
gegen die übrige, als »Umwelt« begriffene Gesellschaft
abgegrenzt wird, sowie 3. sich intern selbst-reproduziert.
Luhmann spricht von »selbst-organisiert« (wobei hiermit,
n. b., nicht der Begriff der Selbstorganisation aus der basis-
demokratischen Bewegung gemeint ist). Ein »System« im
Luhmann'schen Sinne ist »autonom« (auch damit meint er
weder den politischen noch den psychologischen Begriff der
Autonomie). »Ausdifferenzierung heißt Systemautonomie
und Systemautonomie heißt Notwendigkeit von Selbstorganisation.«[5]

**[§03]** Dass es bei »Erziehungssystem« nach Luhmann ausschließlich um schulische (unter Einschluss universitärer)
Erziehung gehen kann, wird hieraus klar: Die Erziehung in
der Familie oder in anderen Organisationen, die sich unter
anderem auch mit Kindern oder Jugendlichen befassen
(zum Beispiel Lehrlinge beschäftigende Firmen), geschieht
»beiläufig«, wie Paul Goodman das nannte,[6] und meistens
nicht als ein organisatorisch ausdifferenziertes System mit
einem professionalisierten Personal (teilweise aber doch:
Lehrwerkstätten, Hauslehrer usw.).

## Was ist »der Staat«?

**[§04]** Was bei Luhmann kaum und an keiner Stelle kritisch
reflektiert wird, ist Staatsgewalt. Da die Staatsgewalt mit
ihren Wirkungen auf das Erziehungssystem in meiner
Kontroverse mit Luhmann eine entscheidende Rolle spielt,

skizziere ich vorab, was ich mit »Staat« meine; ausführlich gehe ich auf die kritische Staatstheorie am Schluss dieses Buches ein. Drei Punkte wären in jeder Analyse zu berücksichtigen:

1. Mindestbedingung dafür, dass von »Staat« gesprochen werden kann, ist, dass es einen »Erzwingungsstab« im Sinne Christian Sigrists gibt: Einer Person oder einer Gruppe von Personen (Organisation) steht eine Polizei für Verfügung, die ihre Entscheidungen gegebenenfalls gegen Widerstand mittels Gewalt durchsetzt. Der Erzwingungsstab hat die Tendenz, ein territoriales Monopol auf legitime Gewaltausübung zu beanspruchen.

2. Zu einer voll entwickelten Staatlichkeit gehören all jene Organisationen, welche vom Gewaltmonopol abhängen, insbesondere von dessen Fähigkeit, Steuern zu erheben und diese dann als finanzielle Ressourcen politisch zu verteilen.

3. Private Organisationen, die zumindest eins von den drei folgenden Merkmalen aufweisen,
   a) teilweise oder völlig aus Steuern finanziert zu werden,
   b) einer staatlichen (amtlichen) Zulassung zu bedürfen,
   c) durch Zwangsmitgliedschaft gekennzeichnet zu sein,
   bilden mit dem Staat eine »korporatistische Struktur«. Oft treten die Merkmale kombiniert auf.

[§05] Die organisatorische (systemische) Einheit des Staats stiftet (strukturelle) Gewalt. Zu keinem historischen oder aktuellen Zeitpunkt lässt der Staat sich als »Übereinkunft« charakterisieren. Jede Übereinkunft wäre aufkündbar. Da der Staat kein System im Sinne Luhmanns darstellt, kann er ihn nicht reflektieren, obwohl er mit den Möglichkeiten als Gewalt- und Rechtsmonopol bei Luhmann in ständiger, aber unreflektierter Form präsent ist, wie wir auch anhand seiner Analyse des Erziehungssystems sehen werden.

## »Macht« als Terra incognita bei Luhmann[7]

**[§06]** Das Thema der »Macht« neutralisiert Niklas Luhmann in einer bezeichnenden Weise. In *Das Erziehungssystem der Gesellschaft* kommt es bloß einmal ausdrücklich vor und zwar im Zusammenhang der Abwehr Luhmanns von Kritik an Lehrern, sie würden mit ihren Benotungen oder ihren Entscheidungen über die Versetzung »Macht oder gar ›Gewalt‹« ausüben.[8] Luhmann hält das für einen »irreführenden« Gebrauch des Begriffs, weil der Lehrer »gar nicht frei« wäre, »die Herstellung solcher Fakten [Zensurenvergabe und Versetzungsentscheidung] zu vermeiden« und schlägt vor, von »Macht« nur in dem Fall zu sprechen, »wenn mit negativen Sanktionen (hier: schlechten Zensuren) gedroht wird, um ein damit nicht zusammenhängendes Verhalten zu motivieren«; Luhmann gibt als Beispiel: »Der Lehrer kann nicht mit schlechten Zensuren drohen für den Fall, daß ein Schüler ihm nicht in bestimmten außerschulischen Dingen behilflich ist, etwa Rasen mäht oder die Straße fegt.«[9] Einige Seiten später behauptet er, man *könne* Noten »nicht aus pädagogischen Gründen anheben oder absenken je nach dem, was man sich davon als erzieherischen Effekt verspricht«.[10] – Will Luhmann sagen, kein Lehrer *dürfe* das tun? Denn können kann er das zweifellos; und oft genug geschieht dies sogar. Wie dem auch sei, Noten unter dem Gesichtspunkt der erwarteten Motivationswirkung zu geben, ist unter Lehrern 1. verbreitet, 2. wird es durch die erziehungswissenschaftliche Seite befürwortet sowie 3. von Eltern und Schülern erwartet: »Wer immer strebend sich bemüht, den können wir erlösen.«

**[§07]** Dass der Lehrer, so ihm das Erziehungssystem zum Beispiel die Entscheidung über Versetzung eines Kindes abverlangt, diese nicht verweigern darf, deutet an, dass er selber Gegenstand von Machteinwirkung sei. Er vermittelt die Macht und übt sie stellvertretend fürs System gegenüber dem Schüler aus. Und selbstredend kann der Lehrer im Einzelfall durchaus entscheiden, ob der Schüler versetzt wird oder nicht, ansonsten wäre es keine Entscheidung. Im Einzelfall mag er die Entscheidung sogar ablehnen (dann übernimmt jemand Anderes die Entscheidung); wenn er seine Selektionsfunktion freilich grundsätzlich ablehnen würde, würde er seinerseits Schwierigkeiten im System kriegen: Sein Verhalten würde als Widerstand gewertet. Das heißt, der Lehrer übt Macht aus, und zwar in jeder Versetzungsentscheidung sowie allgemein, insofern er keinen Widerstand leistet.

[§08] Luhmanns Einschränkung eines »politisch kontrollbedürftigen Gebrauchs von Macht«[11] auf außerschulische Bereiche ist ebenso problematisch. Wenn beispielsweise der Lehrer im Nationalsozialismus dem Schüler, der die Rassenlehre nicht lernt oder gar Einwände formuliert, mit einer schlechten Zensur droht, dann wäre es laut Luhmann keine Machtausübung. Zudem scheint Luhmann hier davon auszugehen, dass Macht politisch kontrolliert werden solle und *könne*, während es doch Politik ist, die sie primär ausübt. Ein Beispiel ist die aktuell um sich greifende Praxis, teils schon in Prüfungsordnungen verankert, bei nicht vorschriftsmäßig gegenderten Examensarbeiten eine Herabstufung der Zensur vorzunehmen.

[§09] Dass Politik selber Macht ausübt, scheint Luhmann niemals in den Sinn zu kommen. Autonomie sei mit »rechtlichen Regulierungen und finanziellen Abhängigkeiten durchaus vereinbar«, schreibt Luhmann, »solange diese nicht als Machtquelle benutzt werden, um pädagogische Absichten zu unterdrücken und durch etwas anderes zu ersetzen.«[12] Alle rechtlichen Regulierungen und finanziellen

Abhängigkeiten wirken jedoch auf das konkrete Geschehen im Unterricht und auf das Verhältnis der Lehrer zu ihren Schülern, wie ich zeigen werde. Darüber hinaus ist auch die politische Verfügung über das, was vermittelt wird, evident, in Diktaturen sowieso, in westlichen Demokratien zunehmend auch; die Frage lautet eher, ob dies jemals in der Geschichte anders war: Die politische Verfügung über die zu lehrenden Inhalte und die zum Lehren der Inhalte einzusetzenden Methoden hat für die meisten modernen Staatsformen höchste Priorität.

[§10] Das Erziehungssystem könne, konzediert Luhmann, von sich aus »keine kollektiv bindenden Entscheidungen treffen«.[13] Sehr richtig; wenn es das könnte, müsste es mit eigenherrlicher »Rechtshoheit«, mithin Staatsgewalt ausgestattet sein. Dass aber, insoweit das Erziehungssystem sich an die Staatsgewalt wendet, um »kollektiv bindende Entscheidungen« (Luhmann nennt als Beispiele Lehrpläne, Prüfungsordnungen, Verteilung von Zeit auf Fächer) herbeizuführen, es entweder Macht hat oder nicht autonom ist, blendet er schlechthin aus. Zudem blendet er aus, dass das Erziehungssystem sich keine einheitliche Vorstellung herbeizuführender »kollektiv bindender Entscheidungen« macht. Denn Konflikt kommt bei ihm – wie Widerstand – gar nicht erst vor, jedenfalls nicht im *Erziehungssystem*.

[§11] Wie Luhmann die Frage nach den Wirkungen von der politisch organisierten Macht und Gewalt, also von Herrschaft, auf das Erziehungssystem und die Mikrostruktur des Verhältnisses zwischen Lehrern, Schülern und Eltern ausblendet, zeige ich auf an drei Themenkomplexen,

1. **Schulpflicht**,
2. **Berechtigungswesen** und
3. **Schulorganisation**.

# 1. Schulpflicht: Inklusion als Ideologie

**[§12]** Luhmann erwähnt Schulpflicht unter ferner liefen, als spiele sie keine oder eine nur untergeordnete Rolle im Erziehungssystem. Schulpflicht gehört, so scheint es bei ihm, zu den politisch-rechtlich gesetzten Umweltbedingungen für dies System. Ihr Ziel bestehe in, wie Luhmann meint, »Inklusion«, bisweilen spricht er auch einfach bloß von »Integration«,[14] d. h. sie sei eins jener Mittel, mit dem der neuzeitliche Staat, der die Standesgesellschaft überwunden habe, die Teilhabe Aller sicherstelle; in diesem Fall dadurch, dass das für erfolgreiche Teilhabe am sozialen und am wirtschaftlichen Leben notwendige Maß an Wissen nach Möglichkeit Allen zur Verfügung steht (»Wissen«[15] fasst Luhmann derart weit, dass hierunter auch moralische Regeln fallen). Diese Funktion der Schulpflicht mag zwar einer Forderung der Pädagogen oder Erziehungswissenschaftler entsprechen, aber sie können diese Forderung – wie Luhmann hellsichtig bestätigt – nur qua eines anderen als des Erziehungssystems durchsetzen, nämlich des politisch-rechtlichen Systems. Das bereits schränkt die Autonomie des Erziehungssystems ein.

**[§13]** Drei Fragen im Zusammenhang mit der Schulpflicht lässt Luhmann ausdrücklich nicht zu, und zwar ob Schulpflicht …

1. … das Ziel der Inklusion erreiche,
2. … nicht ganz andere Ziele als Inklusion verfolge und
3. … moralisch gerechtfertigt sei.

**[§14]** Ein Zweifel etwa über das Ziel der Inklusion kommt auf, wenn wir bedenken, dass die Idee der Schulpflicht während der Reformation im Kampf gegen den Katholizismus entstand. Ein zweites historisches Beispiel dafür, dass Inklusion nicht das Ziel der Schulpflicht ist: Als im Staaten-

bund Nordamerikas 1787-90 gegen den Willen der Mehrheit der Bevölkerung mit der Verfassung der Zentralstaat
USA durchgepeitscht wurde, machten die neuen Herrschenden sich Sorgen, wie ihren frisch gebackenen Unter-
tanen eine »angemessene Unterwürfigkeit« (proper sub-
ordination) beizubiegen sei, und stießen als probates Mittel
auf die staatliche Zwangsschule.[16] Dies kann man zwar
als »Inklusion« beschreiben (denn Alle sollen gefestigte
gläubige Protestanten resp. US-Nationalisten werden),
aber bloß im Sinne des Strebens nach ideologischer Hege-
monie (Antonio Gramsci) und Exklusion der Katholiken
resp. der Liberalen.[17] Nicht Inklusion sieht Pierre Bourdieu
als die Funktion des Schulsystems, sondern »die Kinder
der benachteiligten Schichten zu entfernen«;[18] mithin ist
Selektion die Funktion des Schulsystems. Das bloße Zitat,
Bourdieu sei einer anderen Meinung als Luhmann, beweist
natürlich nicht, wer von beiden Recht hat. Es geht mir mit
jenem Zitat bloß darum, die Selbstverständlichkeit zu er-
schüttern, mit welcher Luhmann die soziologisch so naive
Erzählung des pädagogischen Gutmenschentums von der
integrativen Absicht (oder gar Wirkung) der Schule als ein
Faktum hinstellt.

[§15] Schließlich tut Luhmann so, als würde die Schulpflicht
nicht auf das Verhältnis von Schülern, Eltern und Lehrern
wirken. Die Annahme, die Schulpflicht spiele im Binnen-
verhältnis der Schule keine Rolle, bedürfte einer Unter-
mauerung, die bei Luhmann man vergeblich sucht.

[§16] Luhmann schreibt, Schulen würden zwar etwas produzieren (ausgebildete Personen, Diplome, Zensuren), es
gäbe jedoch »kein Rückmeldung des gesellschaftlichen
(oder auch nur: marktmäßigen) Erfolgs dieser Produkte, so
daß die Organisationen [gemeint sind: Schulen] aus ihrem
Ausstoß [!] keine Informationen gewinnen können«.[19] Die

Zensuren – oder die Prüfungsergebnisse – stellen in seinen Augen keine solche Rückmeldung dar, weil er schlechte Zensuren oder hohe Versagerquoten nicht als Problematik der Schule oder des Lehrers ansieht. Eine pädagogische Forderung der Art, nach Möglichkeit *alle* Schüler zum Erfolg zu führen, hält er für kontraproduktiv oder wenigstens undurchführbar, obgleich er weiß, dass viele Pädagogen und Erziehungswissenschaftler genau das fordern; diesen Aspekt diskutiere ich im Abschnitt zum Berechtigungswesen. Im Kontext der Schulpflicht ist ein anderer Aspekt wichtig. Unter der Bedingung, dass eine Inanspruchnahme einer Leistung nicht verpflichtend ist, besteht der Test der Qualität in der Nachfrage.[20] Insoweit die »Leistung« aufoktroyiert ist, fällt dieser Test natürlich weg und es fehlt das Korrektiv.

[§17] Im Licht dieser Erkenntnis ist auch Luhmanns Behauptung zu werten, eine relativ große Versagerquote gehöre notwendig zum Erziehungssystem. Denn bei einer freiwilligen Nachfrage können wir sicher sein, dass es keine Nachfrage nach Erziehung geben würde, die regelmäßig hinter den ausgelobten Zielen zurückbleibt. Luhmann weiß das. Für Selektion gebe es keinen Konsens (also keine Zustimmung durch die ausselektierten Schüler und deren Eltern), schreibt er.[21] Dies nutzt er als ein Argument zur Rechtfertigung des Zwangscharakters der Schule. Jedoch kann das Erziehungssystem den – sowohl gesellschaftlich als auch pädagogisch angeblich »notwendigen« – Zwangscharakter nicht aus sich heraus, mithin systemautonom generieren, sondern bedarf hierzu der Staatsgewalt mit ihrem Erzwingungsstab. Pädagogen, die gegen die hohen Versagerquoten ankämpfen, sind zumeist auch vehemente Gegner des Marktes und Befürworter von Staatsgewalt; sie sollten stattdessen aber den Markt befürworten und die

Staatsgewalt ablehnen, sofern sie ihr Ziel ernst meinen. Gehen wir nicht naiv davon aus, dass es, wie Pädagogen der frühen Neuzeit versprachen, möglich sei, »Allen Alles« bei-zubringen, dann hieße die Bedingung der Freiwilligkeit: Organisationen der Erziehung würden eher mittels Auf-nahmeprüfungen[22] oder anderer geeigneter Maßnahmen der Selektion bei Zulassung eines Schülers dafür sorgen, dass nach Möglichkeit niemand einen solchen Bildungs-gang einschlägt, bei dem er am Ende vielleicht versagen könnte. Das Durchfallen und Versagen bliebe dann eine unerfreuliche, für alle Beteiligten unerwünschte Selten-heit. Betriebliche Ausbildungen stehen oftmals unter der Maßgabe, dass alle Lehrlinge bestehen sollen. Private Ein-richtungen, seien es Musik- oder Fahrschulen oder Nach-hilfeinstitute, tun alles dafür, dass ihre Teilnehmer Erfolg haben; Scheitern wäre schlechte Reklame. Die Selektion bei Zulassung hätte gegenüber dem Erziehungssystem, das sich weltweit qua Staatsgewalt durchgesetzt hat, auch für die vorab Abgelehnten den großen Vorteil, dass sie etwas Anderes probieren können. Im herrschenden Erziehungs-system müssen sie aufgrund der Schulpflicht ihre Zeit und Energie in eventuell für sie aussichtslose Unterfangen in-vestieren und überdies die demütigende Erfahrung von Versagen über sich ergehen lassen. Das stellt das Gegenteil von Inklusion dar, das ist Exklusion.

**[§18]** Beim Thema Schulpflicht suggeriert Luhmann wie bei allen anderen wichtigen Fragen, dass der historisch kon-solidierte Weg folgerichtig und notwendig (das Modewort heute lautet: »alternativlos«) sei. Eine Diskussion von Alternativen kommt so wenig vor wie eine Darstellung des Verfahrens der Durchsetzung. Luhmann wiederholt, was Generationen von Pädagogen und von Erziehungs-wissenschaftlern gebetsmühlenartig vorgebracht haben:

Widerstand gegen Schulpflicht komme von rückständigen Bauern, die ihre Kinder ausbeuten wollen, und von deren politischen Vertretern, die ihnen bei der Ausbeutung zur Seite stehen. Ohne Schulpflicht werde es den bösen Eltern erlaubt, ihren Kindern die für die »Inklusion« und die für gute Karrieren erforderliche Schulbildung vorzuenthalten. Selbstorganisierte Alternativen zur staatlichen Zwangsschule werden von inkompetenten Eltern für ihre Kinder ausgesucht und von übelwollendem Personal betrieben. All diese Behauptungen halten historischen und aktuellen Betrachtungen nicht stand.[23]

[§19] Es ist evident, dass die extern dem Erziehungssystem auferlegte Schulpflicht, anders als Luhmann suggeriert, stark in die Beziehung zwischen Lehrern, Schülern und Eltern eingreift. Sie determiniert die Beziehungen nicht, aber beeinflusst sie (eine solche Unterscheidung kann Luhmann anscheinend nicht treffen, nicht einmal verstehen). Durch die Schulpflicht werden Schüler zur Anwesenheit gezwungen, die dort nicht sein wollen oder die für die dort gebotene Art der Lehre ungeeignet sind. Sofern dies nicht der Fall wäre, bedürfte es keiner Schulpflicht. Der Zwang bedeutet für diese Schüler zumindest, dass sie ihre Zeit verschwenden;[24] außerdem werden sie, falls sie tatsächlich versagen, als Versager stigmatisiert und entwickeln oftmals ein Selbstbild des Versagers. Der zum Schulbesuch gezwungene Schüler kann den Zwang mit Introversion beantworten und wird damit »nur« selber geschädigt, während die Umwelt – Lehrer und Mitschüler – davon kaum etwas mitkriegt. Oder er kann zum Störer werden und schädigt somit die interessierten Mitschüler sowie den Lehrer. Auf jeden Fall erhalten interessierte Mitschüler vom Lehrer geringere Aufmerksamkeit und weniger Fachwissen, als sie ohne die Anwesenheit von widerborstigen

Schülern erhalten könnten. Die Folgen sind eine vergiftete Atmosphäre, Vergeudung von Lebenszeit und psychische Störung. »Das Erziehungssystem bleibt auf der operativen Ebene des Unterricht ohnehin autonom«,[25] behauptet Luhmann. Freilich wird der Unterricht durch die Staatsgewalt beeinflusst: Auf diesem Auge zeigt Luhmann sich blind.

## 2. Berechtigungswesen: Qualität als Ideologie

[§20] Dem »Berechtigungswesen« widmet Luhmann etwas mehr Raum als der Schulpflicht, und zwar als einem Teilbereich der Selektion, die Luhmann zur neben Inklusion zweiten Funktion des Erziehungssystems erklärt. Damit behauptet er, die Verleihung der Berechtigung erwüchse aus dem Erziehungssystem selber. Aber bei genauem Hinschauen weiß er es besser. Höhnisch merkt er an, die Berechtigung verleihe ja gar kein Recht auf einen bestimmten Job.[26] Richtig. Sie verleiht kein Anrecht. Freilich, wie der Begriff eindeutig sagt, eine Berechtigung – eine Erlaubnis als Vorbedingung, bestimmte Jobs ausführen zu dürfen. Diese Vorbedingung definiert aber nicht das Erziehungssystem, sondern das tut der Staat (oder mit dem Staat verbundene korporatistische Organisationen wie etwa berufsständische Kammern).

[§21] In einer unscheinbaren und recht harmlos klingenden Notiz räsoniert Luhmann, der Patient »möchte sich darauf verlassen können, daß der Arzt als Arzt ausgebildet« sei.[27] Doch eingehender analysiert erweist diese Bemerkung sich als das, was Paul Goodman Propaganda der »Schulmönche« nannte.[28] Der Patient erwartet nämlich einen Arzt, der ihn kompetent behandelt. Ob Schulbesuch plus universitäre Ausbildung geeignet ist, solche Kompetenz zu garantieren, ist nicht gesagt. Schnell zeigt sich, dass Zweifel angebracht wären. Die Selektion für die universitäre Arztausbildung läuft in der BRD seit vielen Jahrzehnten über Numerus Clausus. Dass jemand, der einen Notendurchschnitt von 1.0 im Abitur hat, zum Arzt besser tauglich sei als jemand, der »nur« 1.1 nachweisen kann, wird wohl keiner im Ernst argumentieren.

**[§22]** Weiter: Der erforderliche Notendurchschnitt, um den Numerus Clausus für ein Medizinstudium zu knacken, errechnet sich nach der Zahl der (von der Staatsgewalt eingerichteten) Studienplätze in Relation zur Bewerberzahl, d. h. in einem Jahr kann 1.3 genügen, in einem anderen nicht. Das lässt jede Möglichkeit fachlicher Rationalität auf 0.0 sinken. Zudem fließen in den Notendurchschnitt Kurse ein, die niemand begründet als relevant für ein gutes Arztsein zu deklarieren vermag. Die Zahl der Studienplätze wiederum bestimmt sich nach dem durch korporatistische Krankenkassen festgelegten Bedarf an neu zuzulassenden Ärzten.

**[§23]** Mehr Ärzte, als die Krankenkassen zulassen möchten, würden (unter der Bedingung von Freiwilligkeit) bessere Versorgung der Patienten, jedoch geringeres Einkommen pro Arzt bedeuten. Die Regelung des Zugangs ist also eine Funktion von berufsständischer Politik, die nichts, aber auch gar nichts mit Erziehung sowie nichts, aber auch gar nichts mit dem Patienteninteresse zu tun hat. Selektion steht keineswegs für Sicherung der Qualität und Schutz des Patienten, und sie ergibt sich keineswegs folgerichtig aus dem Prozess der Erziehung, sondern aus dem Prozess der Politik im Rahmen von Staatsgewalt.

**[§24]** Sobald mehr »Berechtigungen« ausgegeben werden, als die Planwirtschaft der Staatsgewalt Stellen vorsieht, entsteht ein Legitimationsproblem; denn, wie Luhmann verquast schreibt, es besteht ein Vertrauen der Zertifikat-

Inhaber auf »angemessene« oder auf »erwartungsgemäße« Jobs[29] – »angemessen« definiert nach Maßgabe des staatlichen Berechtigungswesens. Und sollte die Situation eintreten, dass mehr Berechtigungen vergeben wurden, als entsprechende Jobs vorhanden sind, da hat Luhmann ganz recht, wird ein anderer Mechanismus der Selektion eingesetzt.[30] Insofern ist Selektion faktisch unvermeidlich, jedoch nur systemimmanent. Das Problem mit Luhmann lautet, dass es ihm zufolge nichts weiter gibt als Systemimmanenz. Das Legitimationsproblem für das politische System ergibt sich daraus, dass Berechtigungen von denjenigen, die sie erlangen, doch irgendwie auch als Anrechte begriffen werden. »Mehr und mehr Zertifikate gelten als förderlich«,[31] schreibt Luhmann, als sei dies ein quasi-naturwüchsiger Prozess, der nicht durch das Handeln der Staatsgewalt gesteuert wurde. Auch hier weiß er es freilich besser, denn dass es um die Durchsetzung von »Standards« geht, hatte er ja durch die Bemerkung zu den Erwartungen der Patienten an die Ärzte bereits zugegeben, wenn auch indirekt.

[§25] Das Berechtigungswesen wirkt sich natürlich auf den Unterricht aus. Nicht das Interesse am Fach oder am Erwerb von Wissen oder Kompetenz steht im Vordergrund, sondern das Interesse am Erwerb des Zertifikats (des Berechtigungsscheins). Wie bei der Schulpflicht handelt es sich laut Luhmann um eine systemimmanente Notwendigkeit, denn »wie stark könnte die Motivation [für Schulbesuch und Engagement im Unterricht] sein, wenn man allein auf das Interesse am Thema angewiesen wäre?«[32] Die extrinsische Motivation führt wie die Schulpflicht zu einem wenn nicht erzwungenen, so doch möglicherweise ungeliebten Schulbesuch über die Zeit der Schulpflicht hinaus. Falls der Erwerb des Zertifikats verlangt, dass mit dem erstrebten Beruf nicht zusammenhängende Fächer gelernt werden, folgt daraus fast die gleiche Problemlage wie bei der Schulpflicht. Nur dass hier das Interesse am Erwerb des Zertifikats disziplinierend wirkt: Der Lehrer kann dem angehenden Sinologen mit schlechter Zensur drohen, wenn er in Mathematik nicht ein Mindestmaß an Engagement zeigt – und die schlechte Zensur gefährdet eventuell das erstrebte Zertifikat. Das ist klarerweise entgegen dem von Luhmann Behaupteten eine Ausübung von Macht. Umgekehrt kann der Lehrer für Mathematik bei dem angehenden Sinologen ein Auge zudrücken (eventuell in einem – stillschweigenden – Deal, dass er wenigstens nicht »stört«), was den Lehrer allerdings in Erklärungsnot den anderen Schülern gegenüber bringt, die er strenger beurteilt. Letztlich ist der gutmütige Lehrer hier der Dumme.

## 3. Schulorganisation: Einheitlichkeit als Ideologie

**[§26]** Dass das Schulsystem[33] weitestgehend über Steuern finanziert wird, hat eine nicht-triviale Auswirkung auf die Binnenstruktur (d. h. auf den Unterricht), die Luhmann entgeht: Es kann sich problemlos von den Wünschen der – wohlgemerkt teilweise unfreiwilligen – »Nutzer« (Kinder, Jugendliche, Erwachsene, Eltern) entfernen. Andererseits entbehrt die durch die Pädagogen und die Erziehungswissenschaftler ständig wiederholte Behauptung, vor Einführung steuerfinanzierter scheinkostenloser Unterrichtsangebote sei die Bildung für die breite – oder pauschal für die als »ärmer« deklarierte – Masse unerreichbar gewesen, der historischen Grundlage;[34] doch bei Luhmann findet sich nicht der Hauch von kritischer Rückfrage an diese Erzählung. Besonders für die Verhältnisse in Preußen ist das eine geschichtsvergessene Unterlassung. Das preußische

Einheitsschulsystem, welches Wilhelm von Humboldt installierte, war zwar staatlich organisiert, wurde teils durch Schulpflicht, teils durch Berechtigungswesen mit Nachfragern versorgt, musste aber von den Nutzern selber bezahlt werden. Humboldt hatte sich übrigens hierbei etwas Kluges gedacht, denn in einer an Lenin erinnernden Dialektik wollte er, dass nach der Zwangszentralisierung, das heißt nach der Entmachtung der Partikulareinflüsse aufs Schulsystem, dasselbe wieder in die »Hände der Nation« zurückgegeben, also entstaatlicht werde. Diese Seite von Humboldt fehlt bei Luhmann, was nun nicht mehr verwundert. Auch heute entstehen überall dort, wo die Infrastruktur der Staatsgewalt noch keine Schulen einrichtet, wo Kriege den staatlich geregelten Betrieb von öffentlichen Schulen verhindern oder wo die nationalstaatlichen, von internationalen Hilfsorganisationen mitfinanzierten und mitgeplanten Angebote den Armen nicht helfen und nicht gefallen, sofort dichte Netzwerke an nicht-staatlichen Einrichtungen.[35]

**[§27]** Dem Bashing der historischen wie der aktuellen nicht-staatlichen Alternativen zur Schule auch und gerade für die »Armen« kann mit drei Frage begegnet werden:

1. Falls die nicht-staatlichen Einrichtungen derart schlecht sind, wie behauptet wird, warum reicht es nicht, dass der Staat die angeblich besseren Angebote macht?

2. Werden die nicht-staatlichen Einrichtungen möglicherweise genau darum verboten, weil sie *besser* sind?

3. Oder warum wählen die Eltern diese Einrichtungen und sind bereit, für sie zu zahlen, trotz des Vorhandenseins von kostenfreien staatlichen Angeboten?

**[§28]** Luhmann, O-Ton: Man (d.h. die Staatsgewalt!) mag »sich auf die Attraktivität des öffentlichen Schulwesens allein nicht verlassen. [...] Im Falle des Erziehungssystems

genügt es nicht, die Möglichkeit des Schulbesuchs bereit-
zustellen. [...] Deshalb wird die Inklusion wohl überall
durch Verordnung einer Schulpflicht geregelt. [...] Ein Ab-
stellen auf Interessen [würde] nicht genügen.«[36]

**[§29]** Jene drei Fragen führen dazu, zu realisieren, dass bei
dem Thema »Inklusion« oder »Integration« zwei grundsätzlich verschiedene Formen im Widerstreit miteinander
liegen. Die 1. Form der Inklusion verlangt, dass für die Teilhabe von Allen an der Gesellschaft Alle den gleichen Bedingungen unterworfen sein mögen; die 2. Form versteht
unter Inklusion, dass jeder den gleichen Anspruch darauf
habe, sich selbst zu bestimmen. Bezüglich des Themas der
Chancengleichheit statuiert Luhmann, es sei nicht möglich, offenbar Ungleiches (Kinder mit unterschiedlichen
Sozialisationsbedingungen) gleich zu behandeln.[37] »Eine
voraussetzungsfreie Situation kann in einer immer ge-
schichtlich gegebenen Gesellschaft [...] weder vorgefunden
noch hergestellt werden.«[38] Aber dennoch lässt er nicht zu,
an eine alternative Organisation des Schulsystems auch
nur zu denken: Alle »müssen« dem gleichen Schulsystem
unterliegen.

**[§30]** Was Luhmann allerdings realisiert, ist, dass wesentliche Elemente auch der internen Organisation der Schule
vom politisch-rechtlichen System vorgegeben werden, so
etwa die Jahrgangsklassen oder die Lehrpläne. Selbst wenn
(einige) Pädagogen und Erziehungswissenschaftler diese
organisatorischen Rahmenbedingungen als »richtig« be-
nennen, macht nur Staatsgewalt sie allgemeinverbindlich.
Luhmann bestreitet, dass dies die Autonomie der Schule
beeinträchtige. Er hat dafür zwei Strategien. Entweder behauptet er, der in Frage stehende organisatorische Rahmen
habe keine Auswirkung auf das Unterrichtsgeschehen,
oder er sei alternativlos. Beides ist falsch.

**[§31]** Beginnen wir mit der Jahrgangsklasse. Dass es keinen Unterschied für Lehrer und Schüler ausmacht, ob die Zusammensetzung der Klasse altershomogen ist oder nicht, ist eine unrealistische Annahme. Falls es keinen Unterschied bedeutet, würde niemand auf die Idee kommen, auch einmal etwas anderes auszuprobieren. In der Phase der Herausbildung des modernen Schulsystems gab es tatsächlich beispielsweise die Alternative der sogenannten Lancaster-Methode. Ihr zufolge bringt der Lehrer den fortgeschrittenen Schülern etwas bei, das diese dann an die weniger fortgeschrittenen Schüler weitergeben. Für diese Methode war Altershomogenität keine Voraussetzung, sondern die Einstufung der aktuellen Fähigkeiten eines Schülers. Einstufung laut aktueller Fähigkeit statt Altershomogenität wird auch heute noch selbstverständlich beispielsweise in Sprachschulen als Kriterium gewählt. In Dorfschulen blieb das System lange unterhalb des Radars der Erziehungswissenschaft pragmatische Gepflogenheit. Es war eine politische Entscheidung, angeheizt durch die ignoranten, auf das Milieu der großstädtischen Mittelschicht fixierten »linken« Erziehungswissenschaftler, diese Schulen zu eliminieren und die Kinder zu nötigen, zentral eingerichtete Großschulen zu besuchen, auf dass man genügend Schüler zusammen bringe, um altershomogene Klassen bilden zu können. Und natürlich macht es einen Unterschied, ob ein Kind die einklassige Dorfschule mit dem ortsansässigen Lehrer besucht, wo es auf die anderen Kinder aus dem Dorf trifft, oder ob es in eine anonyme, aber eventuell intellektuell anregendere Umgebung der nächstgrößeren Stadt kommt. Damit ist nicht gesagt, das eine sei besser als das andere. Es gibt Kinder, für die das eine besser ist, für andere Kinder ist das andere besser. Die Lösung, keine Organisationsform für alle zu erzwingen, liegt freilich außerhalb der Denkmöglichkeiten von Luhmann. Das Erziehungssystem sei, schreibt Luhmann, »angewiesen« darauf, dass die Staatsgewalt an seiner statt »kollektiv bindende Entscheidungen« über »Lehrpläne, Prüfungsordnungen, Verteilung von Zeit auf Fächer« usw. treffe.[39] Warum Einheitlichkeit auf diesen Gebieten notwendig sei, darüber verliert Luhmann kein Wort.

**[§32]** Zurück zur Lancaster-Methode. Sie ist pädagogisch in Verruf geraten, aber aus fadenscheinigen Gründen. Denn was den die Methode Lancasters anwendenden Schulen vorgeworfen wird, traf auf die öffentlichen Schulen damals ebenso zu: seien es mangelhaft qualifizierte Fachkräfte, sei es die Prügelstrafe. Lancasters Methode zeichnete es aus, dass sie sich mit wenig Personal begnügte, und hier finden wir ein ökonomisches Interesse des Berufsstands der Lehrer, seine Methode abzulehnen. Umgekehrt kann man davon ausgehen, dass die von vielen Pädagogen bis weit in das 19. Jahrhundert hinein favorisierten Hauslehrer *unter anderem* deswegen gegen den Schulunterricht verloren haben, weil flächendeckende Versorgung der Bevölkerung mit Bildung – statt sie nur einer Elite vorzubehalten – nach diesem Prinzip im Rahmen bürokratischer Organisation ökonomisch nicht zu stemmen gewesen wäre. Somit wäre der Schulunterricht ein ökonomischer Kompromiss und keine aus dem Erziehungssystem »autonom« erwachsene Einrichtung. Lancasters Methode erlebte eine Renaissance Ende der 1970er und Anfang der 1980er Jahre bei der privaten Initiative von Marva Collins in den USA, jungen schwarzen Erwachsenen, die trotz erzwungenen Durchlaufens der Schulpflicht Analphabeten geblieben sind, die Kulturtechniken beizubringen.[40] Als weitere Alternativen zur starren altershomogenen Schülergruppe und strikten Trennung von Lehrer- und Schülerrolle seien noch Maria

Montessori und Paulo Freire genannt. Beim später widersinnig zum Schutzheiligen der Grundschullehrer erklärten Johann Heinrich Pestalozzi war im berühmten Waisenhaus von Stans Altershomogenität keine Frage. – (Ich sage »unter anderem deswegen«, denn der basale Grund dafür, dass das Hauslehrer-Prinzip gegen Unterricht in der Schule verloren hat, ist die geringere Kontrollmöglichkeit der Staatsgewalt über Inhalte und Methoden des Unterrichts zu Hause; solange der Unterricht zu Hause aber nur bei der herrschenden Klasse gang und gäbe war, stellte mangelnde Kontrolle eine untergeordnete Bedrohung dar.)

[§33] Letztlich, räumt Luhmann ein, werden es »nicht pädagogische, sondern organisatorische Gründe gewesen sein, die im Laufe des 19. Jahrhunderts zur Festlegung auf das Jahrgangsklassenprinzip geführt haben. Es ist im Massenbetrieb der modernen Schule einfacher zu handhaben.«[41] Aber muss »Massenbetrieb der modernen Schule« überhaupt sein? Kleine Einheiten, schreibt Luhmann, »dürften angesichts des Aufwandes an Personal und Zeit sehr rasch unrationell werden«.[42] Angesichts eines überbordenden organisatorischen Overheads im Massenbetrieb moderner Schulen wäre es bei gleichen Ausgaben durchaus möglich, selbstbestimmte kleine Einheiten zuzulassen (so lautete das Argument von Paul Goodman und der Free-School-Bewegung in den 1960er Jahren). An einer anderen Stelle schreibt Luhmann, von der Organisation »muß [...] sichergestellt werden, daß die Schulklassen annähernd gleiche Vorbildung und annähernd gleiches Alter garantieren«.[43] Was denn nun? Sind Jahrgangsklassen organisatorisch leichter zu handhaben oder gibt's einen anderen rationalen Grund? Ganz abgesehen davon, dass die beiden Kriterien »gleiches Alter« und »gleiche Vorbildung« kaum in Übereinstimmung miteinander zu bringen sind.

[§34] Dass erzwungener Schulbesuch eine Auswirkung auf das Unterrichtsgeschehen habe, wurde bereits besprochen. Alternative Organisationsformen gehen auf Leo Tolstoi, A. S. Neill, George Dennison u. a. zurück. Die Schüler entscheiden von Fall und Fall, am Unterricht teilzunehmen. Wo eine kontinuierliche Teilnahme für Mitschüler oder Lehrer wünschenswert ist, wird eine solche Verbindlichkeit zwischen den Beteiligten abgesprochen, und zwar ausschließlich zwischen ihnen. Luhmann schreibt, dies sei nicht möglich.[44] Das Gegenteil ist der Fall.

[§35] Das fragwürdige Vorgehen von Luhmann, Faktisches auch zum einzig Vernünftigen zu erklären, ist gut an der angeblichen Alternativlosigkeit der organisatorisch dem Zufall überlassenen Zuteilung eines Lehrers zur Klasse der Schüler aufzuzeigen.[45] Diese Zuteilung ist so tief im Schulsystem verwurzelt, dass sie innerhalb dieses Systems ebenso schwierig bezweifelt werden kann wie die Schulpflicht: Es war einfacher, durch die Bildungsreform der BRD in den 1970er Jahren die Fächer- als die Lehrerwahl einzuführen. Dennoch liegt es auf der Hand, dass die Lehrerwahl sowohl auf Seiten der Schüler als auch der Lehrer einen großen Teil des täglich in dem System generierten Leidensdrucks reduzieren könnte: Täglich einem Lehrer ausgesetzt zu sein, bei dem er meint, nichts zu lernen, den er nicht leiden mag oder der ihn nicht leiden kann, ist ein Albtraum für jeden Schüler; ebenso unangenehm ist es für einen Lehrer, täglich auf Schüler zu treffen, die ihn nicht leiden können oder die er nicht leiden mag. Dies zu bestreiten, würde heißen, Menschen und ihrem Handeln jede emotionale Dimension abzusprechen und Unterricht zu einem kontaktlosen Austausch von Wissen zwischen trivialen Maschinen zu erklären. Sobald Fächerwahl erlaubt ist, wählen Schüler ein bestimmtes Fach auch unter dem Gesichtspunkt, welchen

Lehrer sie erwarten oder welchen sie auf jeden Fall vermeiden wollen. Da ihnen vorher meist unbekannt ist, wer welches Fach übernimmt, ist das ein Lotteriespiel und es kommt zu dramatischen Enttäuschungen.

[§36] Als Kontrast zu Luhmanns Behauptung, die staatlicherseits verordnete Schulorganisation spiele keine pädagogische Rolle, führe ich Siegfried Bernfeld an. Wie erreichen wir unser Ziel, dass die Kinder trotz eines Lebens »in Not und Sklaverei« das herrschende System lieben und ihm treu ergeben sind? Diese Frage lässt er in seiner Abhandlung *Sisyphos oder die Grenzen der Erziehung* 1925 mit ironischer Absicht seine Exzellenz, Unterrichtsminister Machiavell, auf folgende Weise beantworten: Man müsse »verstehen, dass die Organisation des Erziehungswesens das entscheidende Problem ist, das wir konsequent und unerbittlich unserem Einfluss restlos vorbehalten müssen, während wir die Lehrplan- und Unterrichts-, selbst Erziehungsfragen beruhigt den Pädagogen, Ideologen, ja selbst den Sozialdemokraten überlassen können. Doch werde ich auch in dieser Zulassung taktisch vorgehen. Sie wird gefordert werden, wir lassen lange um sie kämpfen und gewähren sie in der Form von Konzessionen immer dann, wenn wir eine Ablenkung der Aufmerksamkeit in der Öffentlichkeit für nötig halten.«[46] »... ja selbst den Sozialdemokraten ...«, das waren damals die »Anarchisten«, vor denen die Exzellenzen Europas Muffensausen hatten.

[§37] Schließlich will ich als ein wichtiges organisatorisches Element des heutigen Schulsystems noch den Lehrplan erwähnen, über den ebenso politisch entschieden wird (zumindest in Deutschland). Dass er – laut Luhmann – nicht prägend auf den Unterricht wirken soll, ist kaum nachzuvollziehen. Die Zusammenstellung dessen, was zu einem Themengebiet gehört und der Fortgang von Themengebiet zu Themengebiet ergibt sich nicht aus der Kompetenz des Lehrers und dem Interesse der Schüler, sondern aus den Vorgaben der Kultusbürokratie. Das mag für den Lehrer eine Art Entlastung sein: Er muss den Schülern gegenüber nun nicht begründen, warum er das eine macht und das andere lässt. Auf Lernen und Mündigwerden der Schüler wirkt das aber desaströs: Die Schüler erleben einen Lehrer, der seinerseits fremdgesteuert ist, also sein Handeln zumindest in wichtigen Bereichen nicht legitimieren muss und im Zusammenhang des Kontakts mit ihnen nicht ändern kann. Wenn Luhmann meint, dass das Erziehungssystem »auf der operativen Ebene des Unterrichts [...] autonom« bleibe,[47] entspricht das nicht den Tatsachen. Die Autonomie, die dem Lehrer bleibt, ist, dass er den Schülern gegenüber entweder so tun kann, als sei der Lehrplan auch inhaltlich gerechtfertigt, oder sich darauf zurückziehen, selber nur ein Opfer zu sein.

**[§38]** Auch die Behauptung, obwohl der Staat Schulpflicht einführt und die Schulen mit Steuermitteln finanziert, könne er »als Organisation nicht selber erziehen«,[48] ist in dieser Form unwahr. Indem er erwachsene Menschen, nämlich die Eltern der Schüler und deren Lehrer, seiner (strukturellen) Gewalt unterwirft, erzieht er die Schüler zu Unterwürfigen.

## Reflexionsprobleme im Luhmann'schen System

**[§39]** In *Reflexionsprobleme im Erziehungssystem* (1979) konstruiert Luhmann eine Geschichte der Schulentwicklung vom 18. Jahrhundert bis heute, die ihm für *Das Erziehungssystem der Gesellschaft* (1998) als Folie der Abstraktion dient. Die Geschichtskonstruktion legt das Faktische zugrunde, macht Autoren ausfindig, in deren Schriften er das

Faktische entweder vorwegnehmend gefordert oder nachträglich gerechtfertigt sieht. Das Wirkliche ist vernünftig. Das Vernünftige ist wirklich. Hegel. Alternativen gibt es nicht. In Widerstand gegen die jeweilige Entwicklung drückt sich Unvernunft aus, Rückständigkeit, Böswilligkeit oder Dysfunktionalität. Selten genug kommt »Widerstand« bei Luhmann vor – in *Das Erziehungssystem der Gesellschaft* anlässlich von pejorativen Wendungen wie »Widerstand« gegen den Schulbesuch rege sich »vor allem auf dem Lande«.[49] Natürlich, die bösen Bauern. Man kann sie nicht ernst nehmen, obwohl sie immer noch (fast) alles das produzieren, was so auf den Tisch kommt. [Luhmanns Behauptung in *Die Wirtschaft der Gesellschaft* (1988), seit mehr als 300 Jahren (also seit spätestens 1688) habe es keine Hungersnöte mehr in Europa gegeben, nennt Sigrist eine »intellektuelle Katastrophe«.[50] Einige Daten:

▷ 1693-94, Frankreich (bis zu 2 Mio. Tote geschätzt);
▷ 1770-72 und 1816-17, in weiten Teilen Europas;
▷ 1844, große Hungersnot in Irland (bis zu 1 Mio. Tote geschätzt);
▷ 1866-69, Finnland und Schweden;
▷ 1916-17, Deutsches Reich;
▷ 1921-24, Russland (bis zu 5 Mio. Tote geschätzt);
▷ 1932-33, Holodomor in der Ukraine (bis zu 7 Mio. und mehr Tote geschätzt).

Als Marxist wusste Sigrist, dass Hungersnöte nicht dem Kapitalismus, sondern dessen Behinderung durch den Staat im Interesse privilegierter Klassen anzulasten sind.] – In anderem Zusammenhang räumt Luhmann ein, Widerstand böte eine Chance, »Individualität zu entwickeln«;[51] dies scheint aber ein Ausrutscher zu sein; jedenfalls kommt er darauf nicht zurück. Anlässlich der *Reflexionsprobleme* findet sich von Widerstand nirgendwo eine Spur.

[§40] Die von Luhmann aufgezeigten ideengeschichtlichen Linien sind dabei weitgehend beliebig. So konstruiert Luhmann eine Abfolge von den Jesuiten[52] über Jean-Jacques Rousseau bis Immanuel Kant.[53] Für den angelsächsischen Raum würden Puritanismus, John Locke und David Hume mehr besagen. Wilhelm von Humboldt kommt »natürlich« vor; aber es fällt unter den Tisch, dass er als Ideal ein vom Staat abgetrenntes Erziehungswesen im Kopf hatte. »Die Allgemeinheit des Bildungsgedankens ist, für Humboldt zumindest, zugleich eine Garantie der Inklusion aller in das staatlich geförderte Schulsystem.«[54] Dies ist eine Verschiebung der Auffassung Humboldts in Richtung auf den von ihm abgelehnten Etatismus. Humboldts Wirkung ging in die entgegengesetzt Richtung, klar, aber die Gründe für sein Ideal könnte man erwähnen, und sei es am Rande.

[§41] Entscheidender noch als diese ideengeschichtlichen Ungereimtheiten wirkt sich der harmonistische Ansatz Luhmanns auf die Analyse dessen aus, was real entstanden ist. Da Luhmann eine Harmonie und Folgerichtigkeit der Entwicklung statuiert, die sich zwingend im System, aber ohne einen Zwang von außen ergeben habe, kann er eine Bedeutung politischer Konflikte überhaupt nicht wahrnehmen. Das deutsche drei-gliedrige Schulsystem mit Gymnasium, Haupt- und Realschule ist offensichtlich kein Ergebnis eines Plans, sondern eines nicht eindeutig entschiedenen Machtkampfes. Humboldt wollte keine Real- und keine Hauptschulen. Er empfand das humanistische Gymnasium als die einzig sinnvolle Schulform nach der für ihn uninteressanten Elementar- (Grund-) Schule. Die Realschulen erwuchsen aus der Berufsschul-Bewegung, für die im Gegensatz zu Humboldt die Vorbereitung aufs Arbeitsleben vordringlich war. Dies lehnte Humboldt vehement ab; Bildung durfte ihm zufolge keinerlei anderem Nutzen

als dem der reinen Menschenbildung dienen. Die Hauptschulen waren die Idee der Philanthropen, die sich um die
Volksbildung sorgten. Das »duale« Ausbildungssystem in
Deutschland (Lehrlingsausbildung im Betrieb mit einer sie
begleitenden Berufsschule) ist Ergebnis des nicht klar aus-
gegangenen Machtkampfes zwischen traditionellem Hand-
werk und modernen, staats- und schulorientierten Pädagogen. Das heutige Nebeneinander von Gesamtschulen
und der weiter bestehenden Dreigliedrigkeit ist Ergebnis
des nicht recht gelösten Machtkampfes zwischen Bildungs-
reformern der 1970er Jahre und den Konservativen. Nach
wie vor prägt der politische Machtkampf Schulentwicklung
und Schulalltag, ein Machtkampf, in dem die Erziehungswissenschaft eine gewisse, freilich gewiss untergeordnete
Rolle spielt. Doch auch die Erziehungswissenschaft spricht
natürlich nicht mit *einer* Zunge.

[§42] Konflikt und Widerstand gibt es bei Luhmann nicht,
damit auch keine Alternative oder Möglichkeit, über die
Zukunft zu entscheiden. Der Gedanke an Anarchie, meint
Christian Sigrist, scheine bei Niklas Luhmann »eine Denk-
blockade auszulösen«.[55] Ich erinnere mich, dass ich, als ich
die *Reflexionsprobleme* Luhmanns und Schorrs im Rahmen
der Habilitation (*Legitimität und Praxis*, geschrieben 1986,
veröffentlicht 1989) das erste Mal las, völlig entgeistert
war angesichts solch affirmativer Konstruktion lücken-
loser Notwendigkeit und Ideengeschichte der Staatsschule
ohne geringsten Anflug kritischer oder problematisieren-
der Rückfragen.

# Die Machtfrage

## Anhalt

**[§01]** Die dekonstruktive Lektüre Niklas Luhmanns beider Bücher zum Erziehungssystem 1979 und 1998 haben vor allem zwei Probleme offenbart:

1. Bei seiner Analyse klammert er das Thema der »Macht« fast völlig aus: Wo er es erwähnt, negiert er den Vorwurf an das Schulsystem bzw. an die in ihm wirkenden Lehrer, qua Notengebung, Versetzungsentscheidung sowie Zuweisung von Berechtigungen, also qua Selektion Macht auszuüben. Die These Luhmanns, Selektion sei eine unausweichliche Funktion der Erziehung (Schule), erinnert fatal an Robert Thomas Malthus' berühmte Formel am Ende des 18. Jahrhunderts, einige Kinder, die auf die Welt kämen, sähen sich der natürlichen Tatsache gegenüber, dass der Tisch des Lebens für sie nicht gedeckt sei: Einige Kinder, die zur Schule gehen, sehen sich der natürlichen Tatsache gegenüber, dass das Erziehungssystem keine Lebenschancen für sie bereit hält. – Malthus' »Natur« hat der Kapitalismus bekanntlich überwunden. Er würde auch mit Luhmanns »Natur« fertig, so das politische System ihn ließe.

2. Rechtlichen Vorgaben aus dem politischen System wie die Schulpflicht eignet seiner Ansicht nach kein Einfluss auf das Geschehen im Erziehungssystem: Sie stellen ihm zufolge keine Macht dar, welche die Autonomie des Erziehungssystems derart in Frage stellen könnte, dass sie in es hinein regieren.

**[§02]** Folgende Auseinandersetzung mit Luhmanns Macht-Begriff ist auf *Schulpflicht* als Beispiel fokussiert. Weitere

Vorgaben, welche im politischen System außerhalb des Erziehungssystems generiert werden, denen Luhmann eine systemische Auswirkung auf den Schulalltag abspricht, sind: die Schulorganisation (Jahrgangsklassen usw.) und die Lehrinhalte (Curriculum usw.), ja sogar die Vorgaben über Methoden nehmen ihm zufolge keinen Einfluss. Dies ist um so erstaunlicher, als Luhmann zwei Bücher über Macht schrieb, das eine 1969,[56] das andere 1975;[57] also beide vor Abfassung der Erziehungs-Bücher. Am Ende der Auseinandersetzung formuliere ich eine These, warum Luhmann in diesen die Macht-Thematik verdrängt und die eigene Theorie der Macht nicht anwendet.

## Der Begriff der Macht

[§03] Der Begriff der »Macht« ist mehrdeutig. Ohne Kontext wird er meist synonym mit Herrschaft oder Leitung des politischen Systems, der Staatsgewalt verstanden: Eine Partei befindet sich »an der Macht«, ein Präsident »hat die Macht«. Andererseits kann der Fahrer auch die »Macht« (Gewalt!, Kontrolle) über das Auto verlieren und einen Unfall verursachen. In der Beziehung zwischen Eltern und Kind haben jene mehr »Macht« als dieses. Der Vorgesetzte übt »Macht« über die Mitarbeiter aus. In gleicher Weise unbestimmt sind die Begriffe »Können«, »Kraft« und »Kontrolle«; sogar »Herrschaft« ist nicht treffsicherer, man kann zum Beispiel eine Sprache »beherrschen«, kategorial etwas ganz anderes als die Beherrschung der Natur oder die Beherrschung von Menschen. Luhmann handelt das Thema »Macht« eingeschränkt auf die Macht als ein zwischenmenschliches Ereignis ab, meist zusätzlich eingeschränkt auf die politisch organisierte Macht.

[§04] Zu Beginn von Macht_1969 legt Luhmann eine Kritik der von ihm als »klassisch« charakterisierten Machttheorie

vor, auf deren Hintergrund er seine eigene Theorie entwickelt. Auch Macht_1975 setzt auf dieser Kritik auf, ohne
sie noch einmal ausdrücklich durchzubuchstabieren. Die
klassische Machttheorie lautet (nach Luhmann): Macht
»hat« Akteur A, wenn er seinen Willen gegen Akteur B auch
bei Widerstreben von B durchsetzen kann; denn Akteur B
handelt infolge der Einwirkung der Macht anders, als er es
wollte (oder jedenfalls anders, als er gehandelt hätte, wäre
er nicht der Macht des Akteurs A unterworfen).[58] Diese
Theorie macht laut Luhmann sieben zweifelhafte Voraussetzungen. Ich gehe die von Luhmann namhaft gemachten
Voraussetzungen durch und beziehe sie sowie Luhmanns
jeweilige Neuformulierungen auf die Thematik der Schulpflicht.[59] – »Akteur« kann eine Einzelperson sein, muss es
aber nicht; »Akteur« meint auch Personengruppe, Instanz,
Institution, Organisation.

## 1. Unterstellung von Kausalität

[§05] Die klassische Machttheorie unterstellt Kausalität in
der Form, dass der Wille des Akteurs A das Verhalten von
Akteur B verursache.[60] Demgegenüber negiert Luhmann
nicht die Kategorie der Kausalität,[61] wohl freilich eine uni-
direktionale Art von Verursachung. Vielmehr schränke der
Akteur A die Handlungsalternativen des Akteurs B zwar
ein, reduziere sie jedoch nicht auf null. In der kaum noch
realistischen, klischeehaften Formel eines Überfalls stellt
der Räuber sein Opfer vor die »Wahl«, »Geld oder Leben«.
Neben den beiden Handlungsmöglichkeiten, (1) sein Geld
widerstandslos auszuhändigen oder (2) getötet zu werden,
bleiben dem Opfer auch noch die Versuche, sich entweder
(3) durch Flucht zu entziehen oder (4) den Räuber seinerseits zu überwältigen.[62] Luhmann bezeichnet »Macht« als

eine »Übertragung von Selektion«, das heißt Übertragung der durch den Machtausübenden ausgewählten, mithin eingeschränkten Handlungsalternativen auf jemanden Andres. Alternativ spricht Luhmann auch von »Reduktion der Komplexität«, womit er das Gleiche ausdrückt.

**[§06]** Genau diese »klassische« Konstellation der Macht liegt bei der Schulpflicht offensichtlich vor. Die Eltern des schulpflichtigen Kindes[63] werden vor die Alternative gestellt, (1) ihr Kind entweder in die Schule zu schicken oder (2) unangenehme Konsequenzen auf sich zu nehmen wie Geldbuße, Beugehaft oder Aberkennung ihrer Erziehungsberechtigung.[64] Natürlich gibt es als weitere – vom machtausübenden Staat nicht gewollte und meist von ihm bzw. von den ihn repräsentierenden Ämtern nicht kalkulierte – Handlungsalternative (3) die »Umgehungsmöglichkeit« durch ein Verschwinden, indem die Eltern mit dem Kind auswandern.

**[§07]** Handelt es sich bei der machtausübenden Gewalt um einen Rechtsstaat, eröffnen sich zwei weitere Handlungsalternativen für die Eltern. Sie können (4) gegen die Schulpflicht klagen, zum Beispiel aufgrund der vom Staat gewährten Religionsfreiheit, wenn sie argumentieren, dass in der Schule Inhalte vermittelt oder Methoden angewandt werden, die ihren religiösen Überzeugungen zuwider laufen. Klagen mit einem solchen Inhalt hat in der BRD das Verfassungsgericht bislang abgewiesen.[65] Dennoch ist es bedeutsam, dass derartige Verfahren durchgeführt worden sind: Denn die Richter besaßen einen entsprechenden Handlungsspielraum. Falls die klagenden Eltern obsiegt hätten, hätte über A (dem Staat) eine Macht C (das Verfassungsgericht) das von A Gewollte abweisen können.[66] Solch eine »Zirkularität« anstelle einer eindeutigen Hierarchie lässt sich mit Luhmanns Machttheorie treffend beschreiben und analysieren (näheres dazu siehe Punkt 4);[67] dennoch ist dies m. E. eher eine Präzisierung der von Luhmann so apostrophierten »klassischen« Machttheorie als deren Aufhebung: A (Verwaltung) übt die institutionelle Macht über B (Eltern) aus, jedoch erhält B unter Rückgriff auf C (Gericht) gegebenenfalls die Chance, gleichwohl über A zu siegen. Schließlich gibt es, sofern A (Staat) es zulässt, die Möglichkeit für die Eltern, (5) eine eigene Schule nach ihrem Gusto zu eröffnen und für sie den Status einer »Ersatzschule« zu erlangen.[68] Diese Konstellation gleicht der einer Klage, nämlich dass sich unter Zuhilfenahme eines weiteren Rechts das in Frage stehende Recht relativieren lässt. Die Verbindung von Macht mit Recht nennt Luhmann »Zweit-Codierung«:[69] Die Ausübung der Macht wird an Regeln (Recht) gebunden, welche nicht nur für den der Macht unterworfenen, sondern über ihn hinaus für den machtausübenden Akteur selber gelten.

[§08] Alle vier Alternativen zur (1) Unterwerfung – (2) Hinnahme der Sanktion, (3) Auswandern, (4) Klage, sowie (5) Einrichtung einer eigenen Schule – ziehen bedeutsame Kosten nach sich, welche die Eltern eventuell nicht tragen wollen oder nicht tragen können. Somit eignet der Macht die Form, dass sie durch das Stellen unangenehmer oder (ökonomisch gesprochen:) kostenintensiver Alternativen die vom Machtausübenden gewünschte Alternative zur wahrscheinlich gewählten Alternative macht. Dies erklärt Luhmann in der Tat zum Wesen der Macht. Die Schulpflicht hat mithin als Beispiel für Machtausübung zu gelten und es ist eine Unterlassung, wenn er das in seiner Theorie zum Erziehungssystem nicht zugibt.

[§09] Eine weniger kostenintensive (6.) Alternative besteht darin, dass die Eltern ihr Kind die Schule besuchen lassen, aber durch ihr eigenes Erziehungshandeln den Einfluss der

Schule zu neutralisieren trachten.[70] Solch ein Versuch der Neutralisierung kostet zwar weniger, ist aber nicht kostenlos zu unternehmen. Zum einen müssen die Eltern in der Lage sein, entsprechend zu handeln, zum anderen gerät das Kind nun zwischen die Fronten – der formalen Macht der Schule und der informellen Macht der Eltern – und dies kann bedeuten, dass das Kind einen minderen Erfolg in der Schule hat, als es haben könnte. In diesem Sinne üben die Eltern dann eine eigene (informelle) Macht auf das Kind aus, die von der durch den Staat intendierten Macht verschieden ist, ja ihr geradezu widerspricht.

**[§10]** Betrachten wir also den Schüler. A (Staat) übt über den Umweg von B (Eltern) mit der Schulpflicht die Macht auf C (Kind) aus, zum Schüler zu werden. Unter der Voraussetzung, dass die Eltern die Schulpflicht ablehnen, ergibt sich folgende Konstellation: Wenn das Kind im Sinne der Eltern nicht die Schule besuchen will, ist die Macht in Luhmanns Begriff *transitiv*, das heißt A hat Macht über B und B hat Macht über C, sodass A Macht über C gewinnt. Das Kind geht nun, widerwillig, zur Schule; auch die Eltern sind widerwillig, sodass das Kind in seinem Widerwillen elterliche Unterstützung erhält. Es ist weder soziologisch noch psychologisch sinnvoll anzunehmen, das Kind bleibe in seinem schulischen Verhalten von dieser Konstellation unbeeinflusst. Der Lehrer hat es mit einem widerspenstigen Kind und mit widerspenstigen Eltern zu tun. Auch sein Verhalten muss sich dieser Konstellation anpassen. Der Lehrer wäre nun der Akteur D, dessen Verhalten durch die Macht von A (Staat) beeinflusst wird.

**[§11]** Die Konstellation könnte auch so aussehen, dass der indirekt der Macht ausgesetzte Akteur C (Kind) mit der machtausübenden Instanz A (Staat) übereinstimmt. Dann würde C (Kind), ansonsten der Macht von B (Eltern) ausgeliefert, mit Hilfe der übergeordneten Macht von A gegen B obsiegen. In diesem Fall ist die Macht in Luhmanns Begriff *zirkulär*, das heißt A (Staat) hat Macht über B (Eltern) und B (Eltern) hat Macht über C (Kind), aber aufgrund der Macht von A über B hat C auch Macht über B. Eine solche Konstellation wird vermutlich weniger Auswirkung haben auf das schulische Verhalten des Kindes, wohl aber auf die Beziehung des Kindes zu seinen Eltern, ein Thema, das im vorliegenden Kontext nicht zu behandeln ist, aber erwähnt werden soll (es ist kein unwichtiges Thema).

## 2. Unterstellung von Bedürfnissen

**[§12]** Die klassische Machttheorie formuliert es derart, dass Akteur B einen Willen, ein Ziel oder ein Bedürfnis habe, welches diesem Akteur bewusst ist.[71] Akteur B handelt aufgrund der Machteinwirkung anders, als er handeln würde und vor allem als er handeln wollte.

**[§13]** Luhmann wendet hier ein, klar bewusste Bedürfnisse müssten nicht immer gegeben sein und wären oft auch nicht gegeben. Wir können zwar davon ausgehen, dass das Opfer des Räubers klar und eindeutig sein Geld nicht aushändigen will; ganz anders aber liegt der Fall, wenn wir die Schulpflicht anschauen. Die Schulpflicht kann dazu führen, dass der Erziehungsberechtigte[72] sich gar keine Gedanken mehr drüber macht, ob das Kind zur Schule gehen solle oder nicht. Er wird die Schulpflicht weder als Zwang[73] empfinden, noch wird er sie ausdrücklich gutheißen, geschweige denn begründen; er nimmt sie als gegeben vielmehr hin, ohne sie zu problematisieren. Es ist schwierig zu sagen, er würde aufgrund der Schulpflicht anders handeln, als er handeln wollte; vielmehr wissen wir so wenig wie er selber, wie er handeln würde, falls es die Schulpflicht nicht gäbe. Umgekehrt kann das Versäumnis, der Schulpflicht nachzukommen, auf Nachlässigkeit oder Desinteresse zurückzuführen sein statt auf selbstbewusster Formulierung eines der Schulpflicht widersprechenden Ziels.

**[§14]** Dies ist eine wichtige Ergänzung, aber ebenfalls keine völlige Außerkraftsetzung der klassischen Machttheorie. Denn 1. bleiben selbst bei weitgehender Durchsetzung und Akzeptanz der Schulpflicht weiterhin Fälle übrig, in denen sie gegen den klar formulierten Willen der Eltern verstößt. Und 2. erfordern die Fälle, in denen die Zustimmung oder die Ablehnung auf Gedankenlosigkeit beruht, zwar eine Neuformulierung der klassischen Machttheorie, nicht aber deren Preisgabe. Denn wenn die Schulpflicht Eltern dazu veranlasst, gar nicht mehr über das Für und Wider des Besuchs einer Schule nachzudenken, ist das eine Wirkung der Macht. A (Staat) wirkt aufs Handeln von B (Eltern) ein.

**[§15]** Bei demjenigen, der die Macht ausführt, wäre freilich stets davon auszugehen, dass ein Wille, ein Ziel oder ein Bedürfnis klar und ausdrücklich vorliegt.

**[§16]** Was nun das Kind betrifft, lässt sich hier am ehesten annehmen, dass es in seinem Willen an den Vorgaben der Eltern oder einer Peer-Gruppe ausgerichtet ist und, soweit seine Eltern und seine Peers keinen speziellen Widerwillen gegen die Schule zeigen, die Schulpflicht nicht als solche empfindet. Nichtsdestotrotz, es gibt Eltern, die die Schule ablehnen und es gibt subgesellschaftliche Orientierungen, die der Schule entgegenstehen, seien es religiöse, kulturelle oder ethnische Minderheiten. Darüber hinaus gibt's neben den vielen Kindern, die sich danach sehnen, in die Schule zu gehen und als »Große« angesehen zu werden, auch die, welche sich trotz des Zuredens schulkonformer Eltern von Anfang an gegen die Schule sträuben; wenn die Eltern sie dann aufgrund der Schulpflicht zum Besuchen der Schule zwingen, liegt eine transitive Machtausübung vor, die mit der klassischen Theorie der Macht in Übereinstimmung steht. Vor allem aber gibt's das weit verbreitete Phänomen, dass Kinder, die erst gern in die Schule gehen wollten, dann durch die Erfahrung in ihr zur Abwehr gebracht werden. Diese Abwehr wird in Punkt 3 (Konflikt) Thema.

[§17] In seiner Theorie zum Erziehungssystem formuliert Luhmann übrigens ein klares Bedürfnis, das der Schulpflicht zugrunde liege, nämlich das Bedürfnis »der« Gesellschaft, alle Kinder durch Inklusion (Integration) mit dem auszustatten, was sie brauchen, um später erfolgreich am gesellschaftlichen Leben teilhaben zu können. Ein Fragezeichen ist sowohl dahinter zu machen, dass dies tatsächlich das Bedürfnis derer ist, die die Schulpflicht durchgesetzt haben und die sie aufrecht erhalten, als auch dahinter, dass mit der Schulpflicht das Ziel der Inklusion sich erreichen lässt. Aber das steht auf einem anderen Blatt.

### 3. Unterstellung von Konflikt

[§18] Die Ablehnung der Unterstellung von Konflikt ergibt sich aus der vorherigen Kritik. Insofern der Akteur A den Akteur B veranlasst, anders zu handeln, als Akteur B es wollte, stehen zwei Bedürfnisse sich gegenüber und beide Willen – der Wille von Akteur A, wie B handeln solle, und der von Akteur B, wie er selber handeln wollte – geraten bezüglich des Handelns von Akteur B in einen Konflikt. Konflikt aber setzt ein Mindestmaß von Selbstbewusstsein voraus, das zwar auf der Seite von Akteur A vorausgesetzt werden kann, allerdings auf der Seite von Akteur B nicht gegeben sein muss, wie wir gesehen haben.[74] Freilich gilt nach Luhmann auch: »Alle sozialen Systeme sind potentiell Konflikte.«[75]

**[§19]** Statt Konflikt ist der Bezugspunkt von Luhmann bei der Machtfrage die bereits erwähnte »Übertragung von Selektivität«. Gegenüber der viel größeren Bandbreite an Handlungsalternativen, die sich Akteur B eröffnen, nimmt der machtausübende Akteur A eine Auswahl (Selektion) vor. Die Selektion kann für den der Macht unterworfenen Akteur B (1.) unbewusst und gleichgültig bleiben, weil er weitere Alternativen gar nicht mehr realisiert; sie kann ihm (2.) gelegen kommen und entlasten,[76] weil er sich nun nicht mehr mit Entscheidungsfragen herumplagen muss, die ihn nicht interessieren oder ihn geradezu überfordern; oder sie kann ihm (3.) als eine unangenehme Begrenzung erscheinen. Nur im Fall (3) ergibt sich ein Konflikt. Es ist richtig, dass Möglichkeiten (1) und (2) in der klassischen Machttheorie anders als bei Luhmann nicht als »Macht« bezeichnet werden, sondern nur die Möglichkeit (3). Ob eine solche Ausweitung des Machtbegriffs durch Luhmann analytisch sinnvoll ist, sei dahingestellt; die klassische Machttheorie wird dadurch jedenfalls nicht überholt, vielmehr ergänzt.

**[§20]** Worauf Luhmann allerdings entgegen seiner Tendenz, das Bestehende zu rechtfertigen oder als unausweichlich zu kennzeichnen, in einer kritischen Absicht aufmerksam machen kann, ist meine Grundthese in *Rothbard denken*,[77] nämlich: Die Staatsgewalt prägt das Leben in einer Weise, die uns größtenteils unbewusst geworden ist. Die Schulpflicht ist ein Beispiel dafür. Was Luhmann »Entlastung« von Alternativen nennt, stellt eine Engführung auf einen Lebensweg dar, der für viele Kinder und viele Eltern eine Qual bedeutet. Anders als Luhmann meint, könnte es nicht nur anders, sondern auch besser sein.[78]

**[§21]** Zu dem Konflikt zwischen Eltern und Schulpflicht ist bereits genügend gesagt. Ich komme jedoch zurück auf die mögliche Abwehr der Kinder gegen die Schulpflicht. Diese Abwehr kann vielerlei Gründe haben. Sie mag einfach ausgelöst werden durch eine Dissonanz zwischen dem Schüler und dem Lehrer, dem er zugeordnet ist und den er nicht abwählen darf; sie mag auf Überforderung an Sitzleistung, auf Unter- oder Überforderung an Lernleistung beruhen; auf dem ständigen Wechsel von Themen (Fächern) und der Unmöglichkeit, sich einer Sache richtig widmen zu dürfen; auf Misshelligkeiten zwischen den Mitschülern, die er sich so wenig aussuchen darf wie den Lehrer; auf die Dominanz von Interessen, die in der Schule keinen Raum finden; auf der Erfahrung, in der Schule beständig zu versagen und so weiter. Worauf die Abwehr auch immer beruhen mag, der Schüler steht nun vor den Alternativen, (1.) sich dennoch zu unterwerfen, (2.) gegen den Lehrer zu kämpfen sowie (3.) die Schule zu »schwänzen«. Die Alternative (1) scheint die geringsten Kosten für den Schüler zu implizieren, allerdings kann sie weitreichende innerpsychische und psychosomatische Auswirkungen auf das aktuelle wie zukünftige Leben des Schülers haben. Für den Lehrer und für die gegebenenfalls am Unterricht interessierten Mitschüler verbinden sich hingegen mit Alternative (3) die geringsten Kosten, sie bemerken sie noch weniger als einen missmutig dabeisitzenden Mitschüler. Für die Verwaltung freilich ist die Alternative (3) am kostenintensivsten, sie muss nämlich entscheiden, ob und wenn ja mit welchen Mitteln das Kind zum Schulbesuch zu zwingen sei.

[§22] In allen drei Alternativen liegt ein Konflikt vor; sie entsprechen mithin der klassischen Machttheorie, und alle drei Alternativen wirken auf den konkreten Unterricht ein, widersprechen nachgerade der These von Luhmann, der Schulpflicht eigne keine solche Wirkung. Dass es nichts ausmacht, ob Schüler enthusiastisch oder widerwillig am

Unterricht teilnehmen, wird nichtmal der eingefleischteste Luhmann-Fan behaupten wollen, und dass Lehrer, die beständig in Kämpfen mit Schülern verwickelt sind, darunter leiden, macht den hohen Frühverrentungs- und Krankengrad unter Lehrern aus.[79] Die Mitschüler, die eventuell am Unterricht interessiert sind, müssen nun die Zeugen des Kampfes sein, der sie nicht interessiert (natürlich ist es oft so, dass sie diesen Kampf begeistert miterleben; allerdings bloß soweit sie insgeheim die Sabotage des kämpfenden Mitschülers teilen und selber feige sich ducken). Lediglich die dauerhafte Abwesenheit könnte ohne Wirkung bleiben (falls der Lehrer sich keine Sorgen über den abwesenden Schüler macht); sofern er aber mal anwesend und mal abwesend ist, ist das für die Mitschüler und Lehrer gleichermaßen störend.

## 4. Unterstellung von Hierarchie

**[§23]** Die klassische Theorie der Macht unterstelle, so lautet Luhmanns Vorwurf, aus Macht ergebe sich durch klare Transitivität eine strenge Hierarchie: Akteur A wirkt über Akteur B auf Akteur C – der Staat (A) über die Eltern (B) auf das Kind (C) –, sodass A auch Macht über C hat.[80] Luhmann gesteht zwar zu, Transitivität (= Hierarchie) sei die idealtypische Struktur der organisierten Macht (Bürokratie); von ihr gebe es freilich jede Menge Abweichungen. Hierarchie bezeichnet Luhmann als eine »Kettenbildung«, die Machtsteigerung ermögliche.[81] »Sowohl das Hierarchieprinzip als auch das Summenkonstanzprinzip [siehe dazu Punkt 6] sind mögliche Komponenten eines Macht-Codes – nicht Prämissen der Machttheorie.«[82] Luhmann spricht auch von »Machtketten«, sorgt sich um »Blockiermacht« und beschwört die »Gefahr von ›zu wenig Macht‹« herauf.[83]

Diese Sorge soll uns nicht umtreiben. – Transitivität, also Hierarchie ist laut Luhmann kein durchgängiges Kennzeichen von Macht. Zum einen komme es vor, dass das Verhältnis der drei beteiligten Akteure sich nicht transitiv, sondern zirkulär gestalte, dann habe A keine Macht über C oder C Macht über B. Zum anderen stehen formale Hierarchien derart neben informellen Machtstrukturen, dass B zwar gegenüber C formal weisungsbefugt ist, aber C dennoch gegenüber B mehr informelle Macht aufbieten kann. Aus den bereits diskutierten Konstellationen können wir drei relevante Fälle ableiten:

(1.) ... den Fall, dass Eltern gegen die Schulpflicht klagen und – hypothetisch – Recht erhalten. Dieser Fall ist leicht in der klassischen Machttheorie abzubilden. Über Akteur A steht eine höhere Instanz, G (Gericht). Indem B (Eltern) sich mit G (Gericht) verbündet, muss A (Staat) sich fügen. Die Hierarchie besteht aus G ▷ A ▷ B (▷ C). Dabei ist es unerheblich für die klassische Machttheorie, dass G nicht ständig agiert und nicht ständig in das Handeln von A eingreift und es korrigiert, sondern nur in Ausnahmefällen. Denn sobald Akteur G in Erscheinung tritt, kann er A korrigieren (muss es aber nicht: er kann das Ansinnen von B zurückweisen). Außerdem ist es für die klassische Machttheorie unerheblich, dass G in anderer Hinsicht der Sphäre der Macht von A untersteht, insoweit als A den Geltungsbereich von G definiert und gegebenenfalls korrigieren kann. Denn die klassische Machttheorie bildet nicht ein Gesamtsystem ab, sondern jeweilig analytisch separierte Konstellationen. Bezüglich Existenz und Geltungsbereich von G besteht die Hierarchie aus A (Staat) ▷ G (Gericht); bezüglich der Fallentscheidungen, sofern sie im durch A definierten Geltungsbereich stattfinden, besteht die Hierarchie aus G (Gericht) ▷ A (Staat).

(2.) ... den Fall, dass B (Eltern) zwar Macht hat über C (Kind), das Kind jedoch zur Schule gehen will, die Eltern (B) dies hingegen ablehnen. Indem C (Kind) auf die von A (Staat) erlassene Schulpflicht zurückgreifen kann, hat C in dieser speziellen Konstellation Macht über die Eltern (B), mithin kehrt die Hierarchie sich auf der zweiten Stufe der Akteure um: A (Staat) ▷ C (Kind) ▷ B (Eltern). Diese Neuordnung stellt für die klassische Machttheorie auch kein Problem dar, wenn sie nicht fälschlich für eine Theorie des Systems oder der Organisation (Bürokratie) angesehen wird.

(3.) ... den Fall, dass B (Lehrer) zwar die formale Macht behält über C (Schüler), der Schüler (C) jedoch den Lehrer (B) durch Widerstand so drangsaliert, dass B tut, was C will. Dies wird eher in Ausnahmefällen stattfinden, obgleich Terrorgangs in der Schule mitunter Lehrer völlig unter ihre Kontrolle zu bringen vermögen. Terror ist nach Luhmann, »wenn Zwang [...] nicht nur zur Durchsetzung spezifischer Absichten angewandt wird, sondern auch als symbolisches Handeln wirken soll, nämlich als Demonstration der Absicht, unabhängig von einer gegebenen Ordnung jeden beliebigen Willen, der gegen den Machtanspruch aufbegehrt, zu brechen«.[84] In diesem Sinne könnte es leichter sein, im Mullah-Regime Irans zu überleben, das eine gewisse Regelhaftigkeit zugrunde legt und damit kalkulierbar agiert, als unter der Knute des Islamischen Staats. An einer weiteren Stelle definiert Luhmann Terror anders, nämlich als »vollständige Kommunikationskontrolle«.[85] Dennoch wird auch der ganz normale Schulalltag davon geprägt, dass Lehrer das Störverhalten gewisser Schüler antizipieren und entscheiden müssen, ob sie mit Sanktionen vorgehen oder ob sie die Störer mittels Nachgeben in bestimmten Hinsichten zufrieden stellen. Formal behält B (Lehrer) die Macht über C (Schüler), indem B die Anwesenheit von C erzwingt, etwa

durch das Melden von »unentschuldigtem Fehlen« Hilfsinstanzen (Eltern, Schulleitung, Psychologen, Polizei) in
Bewegung setzt. Die Hilfsinstanzen wären eine zusätzliche
transitive Hierarchiestufe zur Vollstreckung der Macht:
Lehrer (B) ▷ Hilfsinstanzen (H) ▷ Schüler (C). Die Hilfsinstanzen können ihrerseits formal sein (z. B. Polizei) oder
informell (z. B. Eltern). Informell beeinflusst C (Schüler)
das Verhalten von B (Lehrer) derart, dass B anders handelt,
als B es tun würde, würde C keine Macht ausüben. Auch
dies ist eine Schwierigkeit in der klassischen Machttheorie
nur dann, wenn ihr nachgesagt wird, dass sie das Gesamt-
verhältnis von B (Lehrer) und C (Schüler) abbilden wolle.
Zerlegt man das Verhältnis in einzelne Konstellationen, ergibt sich keine Schwierigkeit, bezogen auf die Anwesenheit
die Hierarchie zu beschreiben als »B (Lehrer) hat Macht
über C (Schüler)«, bezogen etwa darauf, ob zum Geburtstag
eines Schülers ihm die Hausaufgaben erlassen werden, als
»C (Schüler) hat Macht über B (Lehrer)«.

[§24] Davon abgesehen, ist Luhmanns Kritik der klassischen
Machttheorie in dieser Hinsicht eine wertvolle Ergänzung
und Präzisierung, die für eine akkurate Analyse von Macht-
verhältnissen große Bedeutung erlangen kann.

## 5. Unterstellung von Vorhersagbarkeit

[§25] Indem die klassische Machttheorie (soweit Luhmann
sie referiert) den schlichten Aussagesatz im Präsens derart
formuliert, A setze seinen Willen B gegenüber durch und B
verhalte sich anders, als B es wolle, klingt dies so, als besage
sie, dass A sich tatsächlich durchsetze und dass B tatsächlich anders handle als B es wolle, das heißt, als gäbe es keine
andere mögliche als die beschriebene Handlungsweise.[86]
Damit wäre die Zukunft nicht kontingent, sondern bereits

determiniert. Dies scheint mir eine übertrieben kleinliche Auslegung, denn die Struktur prägnanter Definitionen ist es, idealtypisch und nicht empirisch zu formulieren. Eingehend formuliert: A übt *dann* Macht über B aus, *wenn* es A gelingt, dass B im Sinne A's handelt und seinen eigenen Willen hintanstellt. Dies kann fehlschlagen, *dann* hat A eben keine Macht über B; oder es kann halb-gelingen, *dann* behält A eine Teilmacht über B.

[§26] Dass der Machtanspruch von A am Widerstand von B scheitern könnte, mithin das Ergebnis der Handlungssequenz kontingent ist, ist weniger ein Argument gegen die klassische Machttheorie als gegen Luhmann selber; denn Widerstand als in sich sinntragende und gesellschaftlich bedeutsame Verhaltensweise kommt bei Luhmann nicht vor. Der Widerstand gegen die Schulpflicht könnte durchaus die historisch und in Zukunft bedeutsamere Errungenschaft sein als die Durchsetzung der Schulpflicht, die Luhmann für alternativlos hält (trotz seines ständigen Insistierens auf Kontingenz).

## 6. Unterstellung von Machtgleichungen

[§27] Indem die klassische Machttheorie die Macht als Konflikt des stärkeren Willens von Akteur A über den kleineren Willen von Akteur B definiert, unterstelle sie, so Luhmann, dass sie als eine Gleichung zu betrachten sei.[87] Wie können wir uns das vorstellen? Vielleicht am Beispiel informeller Macht der Schüler (B) über den formellen Machthaber A (Lehrer). Dem Lehrer steht ein gewisses Machtquantum zur Verfügung, mit dem er den Willen jedes einzelnen Schülers brechen kann, zum Beispiel ihn zur Anwesenheit verpflichten. Doch die zwar kleineren, jedoch vorhandenen Machtquanten der Schüler ergeben in ihrer Summe eine punktuell größere Macht als die Macht des Lehrers. – Aus zwei Gründen lehnt Luhmann diese Betrachtung ab:

(1.) Luhmann formuliert die historische These, die Macht habe mit größer werdender Differenzierung der gesellschaftlichen Systeme zugenommen. »Bevor es mehr Macht geben kann, muß es zunächst mehr Freiheit geben.«[88] Dies lässt sich unmittelbar auf das Thema der Schulpflicht anwenden: Bevor Teile von Erziehung und Berufsbildung aus dem unmittelbaren »funktionalen« oder »beiläufigen« Zusammenhang herausgelöst und in Form von Schulen und Universitäten institutionalisiert wurden, konnte die Idee der Schulpflicht nicht aufkommen. Die Schulpflicht ihrerseits ist ein direkter Eingriff der Staatsgewalt in familiäre Zusammenhänge und in die Lebenswege nachwachsender Generationen. Insofern hat der Bereich all dessen, was der formalisierten oder organisatorischen Macht unterliegt, mit der Schulpflicht in gigantischer Weise zugenommen. Vorausgehen musste freilich ein Mehr an Freiheit, über den eigenen Lebensweg entscheiden zu können und nicht mehr strikt ans Herkommen gebunden zu sein.

(2.) Luhmann formuliert die These, eine Macht sei um so größer, je geringer der Widerstand ist.[89] Auf dem Hintergrund der klassischen Machttheorie klingt dies tatsächlich paradox, weil dort der Wille zur Macht des Akteurs A dem ihm entgegenstehenden Willen des Akteurs B angemessen sein muss. Je willensschwächer Akteur B ist, desto weniger Willen muss A aufwenden, um den Willen von B zu brechen. Eine bereits skizzierte Konstellation bringt uns nahe, dass das Paradox Luhmanns wahr ist. Wenn die Staatsgewalt es in ihrer Macht hat, Schulpflicht als selbstverständlichen Normalfall zu etablieren, folgen die Eltern gleichsam automatisch und gedankenlos dem Weg, ihre Kinder zur Schule zu schicken. Die Macht gilt unangefochten und insofern ist sie zwar universell gültig, für die Akteure aber kaum noch spürbar, weder für die Eltern noch für die durchführenden Institutionen. Gleichwohl hängt diese unsichtbare oder strukturelle Macht, wie Luhmann durchaus weiß, daran, dass sie glaubhaft bleibt:[90] Exempel müssen sogar in Fällen vereinzelten Widerstands statuiert werden; stets hat man mit Härte zu demonstrieren, dass der Staat willens und in der Lage ist, gegen Widerstand Gewalt zu mobilisieren, sonst droht seiner Macht die erst schleichende und dann galoppierende Erosion. Es ist eben nicht so, dass über vereinzelten Widerstand großzügig hinweggegangen werden kann. Dies ist übrigens ein Gedanke, der weit besser mit Michel Foucaults Machttheorie in *Überwachen und Strafen*, ebenfalls 1975 erschienen, darzustellen wäre: Macht bedarf des Widerstands, um an ihm jederzeit demonstrieren zu können, dass sie ihn zu überwinden die Kraft hat – des Widerstands freilich als Ausnahme, als Tätigkeit einer durch die Normalgesellschaft verachteten Schicht von Außenseitern, Freaks, Geächteten, Sektierern, Verrückten oder »Querdenkern«. Sie wirken systemstabilisierend, solange sie ihre Außenseiterrolle nicht im Sinne von Herbert Marcuses Revolutionstheorie transfigurieren.[91]

[§28] Da Luhmann keinen Begriff produktiven Widerstands hat (Widerstand ist bei ihm immer destruktiv, gedanken- und ziellos sowie ohne rationales Konzept) – selten genug taucht er überhaupt auf[92] –, kann er einen Aspekt, der unmittelbar an die klassischen Machttheorie anschließt und mit der Gleichung der Machtsummen oder Machtquanten zu tun hat, nicht denken. Dies ist die rationale Kalkulation der Macht, wie sie mit Widerstand umzugehen habe. Auf der einen Seite steht die Notwendigkeit, Glaubhaftigkeit zu wahren und Widerstand möglichst rücksichtslos zu brechen, auf der anderen Seite aber stehen die Kosten des

Brechens von Widerstand. Schematisch gesehen umfassen die Kosten folgende drei Posten: Das Brechen eines Widerstands …

… bedarf (1.) administrativer und polizeilicher Ressourcen, die vorhanden sein und eventuell von anderen Aufgaben abgezogen werden müssen, und

… ruft (2.) eventuell die Solidarisierung von weiteren Teilen der Bevölkerung mit den Widerstandleistenden hervor;

… dies bedeutet (3.) Legitimationsverlust, der erforderlich macht, zusätzliche Drohgebärden zu mobilisieren.

[§29] Die Kalkulation der Kosten, Widerstand zu brechen, führt zu einer mitunter selektiven Anwendung der Gewalt. Bei der Schulpflicht sind etwa zwei Gruppen auszumachen, gegen die die Staatsgewalt relativ nachlässig bei der Durchsetzung sein könnte:

(1.) So werden bei schwierigen Schülern aus der Schicht des Prekariats oft beide Augen zugedrückt. Dies hängt zum einen damit zusammen, dass die Unterschicht kaum als Vorbild wirkt – ihr Verhalten genießt in der machtpolitisch relevanten Bevölkerung eine nur geringe Zustimmung –, zum anderen, dass die schwierigen Schüler in der Schule tatsächlich eher stören und dass Lehrer, Mitschüler und deren Eltern vielfach heilfroh sind, wenn die Störer dem Unterricht fern bleiben. (Dieser Erklärungsansatz stimmt freilich nicht mit Foucaults These überein, dass es gerade die Außenseiter seien, an denen die Macht ihre Potenz beweise.)

(2.) Eine zweite Gruppe, bei der die Staatsgewalt die Schulpflicht nicht immer konsequent durchsetzt, sind genau im Gegenteil die Eltern, die sozial angesehene Positionen einnehmen, Anwälte, Ärzte, Professoren usw. Solche Eltern genießen ein hohes Ansehen in ihrer Umgebung und diese könnte gereizt auf den Einsatz von Staatsgewalt reagieren, vor allem wenn die Umgebung diesen betreffenden Eltern durchaus zutraut, Kinder zu Hause kompetent zu unterrichten (Stichwort: Homeschooling), oder wenn die Eltern sie in eigens organisierte, zwar nicht genehmigte, aber gut beleumundete Alternativschulen gehen lassen.

**[§30]** Ganz anders sieht es derzeit bei religiös motivierten Schulverweigerern aus. Sie sind als Sektierer stigmatisiert und gelten in ihrer Umgebung sowieso als schlechte oder als das Kindswohl gefährdende Eltern. In Kulturen, welche eine höhere Priorität auf Religiosität legen, würde das machtrationale Kalkül anders ausfallen: Dort könnte die Staatsgewalt vielleicht eher als atheistisch verschriene Akademiker zwingen, ihre Kinder zur offiziellen, religiöse Unterweisung einschließenden Schule zu schicken.

## 7. Unterstellung von Machtbesitz

**[§31]** In der klassischen Machttheorie entsteht – laut Luhmann – der Eindruck, Macht sei so etwas wie eine Eigenschaft, die *jemand* besitze oder eben nicht besitze, obwohl das in der eingangs gegebenen Definition nicht deutlich wird. Demgegenüber wäre Macht für Luhmann etwas, das tendenziell eher im System als in der Person residiere. Die Personen sind austauschbar gegenüber Machtpositionen, die sie im System vertreten.[93] So weit so richtig.

**[§32]** Macht ist, müsste man sagen (Luhmann sagt es so nicht), etwas, das in den meisten Fällen *verliehen* wird. Die Regeln und das Vorgehen bei der Verleihung von Macht sind in den unterschiedlichen gesellschaftlichen Systemen und in den unterschiedlichen historischen Situationen uneinheitlich. Ein König oder ein Diktator bestimmt einen Nachfolger (oder versucht es zumindest, denn meistens kommt es beim Machtwechsel zu Kämpfen um die Nach-

folge). Die Kardinäle berufen den neuen Papst. Die idealtypische Mehrheit wählt einen neuen Präsidenten. Könige,
Diktatoren, Päpste, Präsidenten ernennen Minister usw.
»Idealtypisch«, weil die Wahlen nicht von tatsächlichen
Mehrheiten bestimmt werden. Aber das ist eine andere
Frage. Und wenn es die tatsächliche Mehrheit wäre, wäre es
auch nicht besser.[94] Allerdings bedarf jede Form entweder
der geregelten oder der informellen Verleihung von Macht
– informell etwa in der organisierten Kriminalität – einer
obersten Instanz, die die Macht nicht verliehen bekommen
haben kann, sondern sich errungen haben muss. Dies ist
ein Aspekt, den Luhmann nicht begreift. Er veralbert ihn
als ein Scheingefecht um die Frage der Souveränität.[95]
Doch am Beginn jeder Machthierarchie muss notwendig
eine mit Gewalt errungene Position stehen, die dann die
Macht hat, Macht differenziert (»transitiv«) zu delegieren.
Diese errungene Macht kann zeitlich weit zurück liegen,
sofern sie nicht zwischenzeitlich herausgefordert wurde.
Dennoch bleibt wahr, dass die initiale Macht immer regel-
widrig errungen sein muss, da es die Regeln entweder noch
nicht gab, auf die zurückgegriffen werden konnte, oder da
das voraufgehende Set von Regeln aus welchen Gründen
auch immer über den Haufen geworfen wurde.[96] Dieses Er-
ringen kann man durchaus als eine Form der gewaltsamen
Aneignung beschreiben. Obgleich Luhmann die Metapher
des Besitzes für die Macht so vehement ablehnt, lässt sie
sich ihm zufolge doch »akkumulieren« wie Kapital.[97] Wie
beim Kapital geschieht die »ursprüngliche Akkumulation«
der Macht durch Gewalt.

[§33] Die Richtigkeit meiner These lässt sich mit folgendem
Gedankenexperiment erweisen: Wenn Macht immer nach
geltenden Regeln zugeteilt würde und die geltenden Regeln
(welche immer es sein mögen) als Ursache der Legitimität

von Macht betrachtet werden sollten, müssten beliebige Machtpositionen sich »transitiv« unendlich bis in früheste Vergangenheit zurückverfolgen lassen – hin zu Adam und Eva sozusagen. Aber wer gab ihnen die legitime Regel der Sukzession? Die längsten noch bestehenden Ketten der Sukzession sind meines Wissens die des Zen-Buddhismus und die des katholischen Priestertums; auch das englische Königshaus hat eine lange, wenn auch lange nicht so lange Kette der »legitimen« Sukzession. Doch diese Ursprünge, wie mythisch auch immer verschleiert, gründen in einer je willkürlichen Setzung, die sich auf kein vorgängiges und »legitimes« Regelwerk stützen kann. Zudem erhalten die religiösen Sukzessionen ihre Verbindung zum System der politischen (Staats-) Gewalt nur qua ihrer Eroberung der Staatsgewalt oder ihrer Adoption durch die Staatsgewalt zur Legitimierung der Staatsgewalt qua einer religiösen Heiligung. Dies führt zur Frage der Dichotomie von Macht in freiwilligen und in unfreiwilligen sozialen Zusammenhängen, Thema des folgenden Abschnitts zur Klärung des Begriffs von *Einfluss*.

[§34] Eine Nebenbemerkung zu einer weiteren Möglichkeit, von Macht als »Besitz« oder »Eigenschaft« zu sprechen, die Luhmann nicht erwähnt: Es könnte durchaus sein, dass es psychische Dispositionen gibt, Macht erlangen zu wollen oder Macht ausüben zu können, so wie es eine psychische Disposition geben könnte, sich der Macht zu unterwerfen bzw. zum Widerstandskämpfer zu werden. Da Menschen in Luhmanns Systemen tendenziell nicht vorkommen, die Systeme also auch ohne Menschen funktionieren, ist das jedoch ein Weg der Erforschung der Macht, den Luhmann nicht beschreitet.

[§35] Trotz der Kritik am Konzept des »Habens« von Macht als ein Besitz spricht Luhmann übrigens durchgängig vom

»Machthaber«, dazu in personalisierter Einzahl. »Macht-
ausübender« wäre neutraler, »Machtakteur« klarer und
»Machtinstanz« auch der Luhmann'schen Systemtheorie
angemessener.

## Einfluss: Autorität, Führung, Macht, Gewalt und Zwang

[§36] In Macht_1969 schlägt Luhmann vor, *Macht* als einen
Fall von *Einfluss* neben Autorität und Führung anzusehen.
*Autorität* sei Einfluss durch vergangene Leistungen, also
der Zuschreibung von Kompetenz zur Problemlösung
durch die Umgebung; *Führung* sei Einfluss durch das Inne-
haben einer Leitungsposition, der gewisse Entscheidungs-
kompetenzen zugeordnet sind; *Macht* schließlich sei als
Einfluss durch eine überlegene *Gewalt* bestimmt. Autorität
generalisiere Einfluss sachlich, also über erwiesene oder
zugeschriebene Kompetenz; Führung generalisiere Einfluss sozial über die hierarchisch oder demokratisch zu-
gewiesene Rolle; Macht schließlich generalisiere Einfluss
zeitlich, indem die überlegene physische Gewalt von einem
einmaligen Akt auf Dauer gestellt wird.[98]
[§37] Darüber hinaus führt Luhmann in Macht_1975 noch
den Begriff des *Zwangs* ein.[99] Physischen und körperlichen
Zwang, physische und körperliche Gewalt benutzt Luhmann als vier synonyme Begriffe. Der Begriff des Zwangs
ist nicht weniger wieselartig als der der Macht. Aufgrund
der Inkonsistenz der Luhmann'schen Theorie kann ich
mich »gezwungen« sehen, ihn zu kritisieren. Aufgrund der
Übermacht der Staatsgewalt sehe ich mich »gezwungen«,
Steuern zu zahlen. Zwei ziemlich verschiedene Kontexte,
in denen der Begriff des »Zwangs« sich ohne Irritation ge-
brauchen lässt. Bei Luhmann bedeutet »Zwang« stets die
unmittelbare Drohung mit oder den unmittelbaren Einsatz

von physischer Gewalt. Zwang reduziert die Alternativen des Gezwungenen praktisch auf null. Genauer gesagt auf die Alternative, sich zu fügen oder die Konsequenz körperlicher Schädigung bis hin zum Tod in Kauf zu nehmen. (Dass dies keine ernstzunehmende Alternative sei, also keine Alternative bestehe, wie Luhmann zu implizieren scheint, ist nicht wahr; es gibt durchaus Menschen, die den Tod als Akt des Widerstands gegen die Zumutung staatlichen Zwangs in Kauf nehmen. Das Aufsichnehmen von Freiheitsstrafen, auch eine Form körperlichen Zwangs, ist verbreitetere Praxis im Widerstand.)

**[§38]** Der Begriff des »Zwangs« wird in Luhmanns System notwendig, weil er 1975 begreift, dass die Macht dann endet, wenn Gewalt tatsächlich eingesetzt wird: Die Macht muss zwar stets bereit sich zeigen, Gewalt einzusetzen, doch sie »will« erreichen, dass der Akteur B sich ihr ohne Einsatz von Gewalt fügt; er soll vielmehr eine der ihm zugestandenen Alternativen als Handlung einschlagen. Insofern ist die Macht gescheitert, wenn sie auf Gewalt zurückgreifen muss, um glaubhaft zu bleiben. Das ist der Punkt, an welchem Macht dialektisch in Zwang umschlägt. Über den, der der Macht zuwider handelt, hat die Macht keine Macht. Wenn die Macht (die Staatsgewalt) die Schulpflicht verfügt, hat sie keine Macht über die Schulverweigerer, die aktiv Widerstand leisten: Dann muss die Macht auf das Mittel des Zwangs zurückgreifen und zugeben, dass ihre Macht versagt hat.

**[§39]** An dieser Stelle rächt sich allerdings, dass Luhmann in keiner Hinsicht die Unterscheidung der Freiwilligkeit von der Unfreiwilligkeit zulässt. Obwohl seine Beispiele überwiegend aus dem Bereich des herrschaftlichen politischen Systems der Staatsgewalt entstammen, führt er auch Beispiele aus dem privaten, familiären, sozialen und wirtschaftlichen Bereich an, ohne einen qualitativen Unterschied anzuerkennen.[100] Das ist ein schweres analytisches Versäumnis mit fatalen sozialen Folgen, nämlich die ihm fehlende Fähigkeit, politisch organisierte Gewalt (Staatsgewalt) zu kritisieren.

**[§40]** Zwang, wie Luhmann ihn definiert, ist Ultima Ratio des politischen Systems, der Staatsgewalt. Wer die Schulpflicht versäumt und wen die Staatsgewalt auf den Kieker hat, der muss die körperliche Gewalt der Polizei spüren: Der wird von der Polizei eskortiert der Schule vorgeführt, dessen Verbleib in der Schule wird von der Polizei überwacht, dessen Eltern werden mit Handschellen ins Gefängnis geworfen. Es kommt nur noch selten vor, aber es ist vorgekommen, natürlich in den USA, wo der Widerstand der Bürger stärker und die Polizeigewalt konsequenterweise brutaler ist, dass in Vollstreckung der Schulpflicht ein Vater erschossen wird.[101]

**[§41]** Im weder staatlichen noch kriminellen Zusammenhang ist die Ultima Ratio aber nicht Zwang, denn Zwang im Luhmann'schen Sinne ist Kriminellen und dem Staat vorbehalten, sondern die Dialektik von Rückzug und Ausschluss.[102] Der kriminelle unterscheidet sich vom staatlichen Zusammenhang nur dadurch, dass der letztere fiktiv Legitimität für sich beansprucht, mithin in begrenztem Maß auf Macht im Luhmann'schen Sinne zurückgreifen kann, während der erstere es nicht kann, also ausschließlich auf Zwang im Luhmann'schen Sinne beruht. Schauen wir den privaten Zusammenhang an: Nehmen wir eine Gruppe von Freunden, die einen gemeinsamen Urlaub plant. Einer hat sich nach einem Brainstorming, in dem jeder seine Vorstellungen und finanziellen Ressourcen äußerte, bereit erklärt, die Möglichkeiten auszuloten. Innerhalb der gemeinsam vereinbarten Zeit whatsappt er drei Alternativen. Diese Alternativen sind ein Ausschnitt aus einem nahezu unendlichen Bereich von Möglichkeiten. In diesem Sinne übt der Betreffende laut Luhmann Macht aus: Er überträgt seine Selektion, seine Auswahl der Möglichkeiten, auf die Anderen. Sie können nun diese Selektion mit Dank annehmen und sich für eine der selektierten Alternative entscheiden. Alle sind zufrieden. Dagegen mag ein Anderer aus der Gruppe das Machtungleichgewicht problematisch finden und die Selektion kritisieren. Der Eine, die Gruppe und der Andere haben nun die folgenden drei, voneinander abhängigen Möglichkeiten:

1. Der Eine kann (was er vor allem tut, wenn die Gruppe seine Initiative zwar honoriert, durchaus freilich eine gewisse Nachbesserung fordert), sich durch die Kritik angespornt erneut an die Recherche machen und eine verfeinerte Selektion von Alternativen vorlegen.

2. Oder er kann (was er vor allem wohl dann tut, wenn die Gruppe dem Anderen beipflichtet), sich beleidigt zurückziehen, die Sache hinschmeißen und sagen »lmaA«. Der Machthaber hat die Selektionsfunktion aufgegeben, die Gruppe steht nun ohne (informellen) Führer da und muss sich neu sortieren.

3. Schließlich kann die Gruppe die Kritik des Anderen zurückweisen und diesen Kritiker vor die Wahl stellen, sich entweder

    3.1 zu fügen oder

    3.2 aus der Gruppe ausgeschlossen zu werden.

[§42] Diese Analyse lässt sich offenkundig nicht auf die Schulpflicht anwenden, was beweist, dass sie dem Bereich der politischen Gewalt angehört und nicht dem Bereich der freiwilligen Interaktion: Jede freiwillige Interaktion ist auf Konsens angewiesen und darf als Ultima Ratio nur Rückzug und Ausschluss einsetzen.

# Macht als Terra incognita bei Luhmann

**[§43]** Luhmanns Machttheorie ist anders als seine Theorie zum Erziehungssystem durchaus brauchbar, wenn sie auch nicht in der Dimension so »revolutionär« gegenüber der klassischen Machttheorie ist, wie er selber es zu glauben scheint.[103] Während er in seiner Theorie zum Erziehungssystem Macht weglässt, vielmehr bloß die Kritik abwehrt, es setzte Macht ein, spricht er in Macht_1975 die »im Erziehungssystem ausgeübte Macht« an einer Stelle an, nämlich dass sie »sich des Mittels der Entscheidung über Statuszuweisungen bedient«.[104] Weder in seiner Theorie des Erziehungssystems 1979 noch 1998 kommt er darauf zurück, vielmehr behauptet er nun, die Statuszuweisung im Sinne der Selektionsfunktion sei eine immanente und unausweichliche Notwendigkeit des Erziehungs- (= Schul-) Systems, und eben keine Ausübung von Macht.

**[§44]** Warum nutzt er diese Machttheorie nicht für seine Theorie zum Erziehungssystem? Luhmanns Machttheorie thematisiert die Problematik der Legitimität von Gewaltausübung nur am Rande, allerdings dann in geballt ungeschickter Form. Die staatlich zentralisierte, organisierte und monopolisierte Gewaltausübung hat nach Luhmann zwei Ansätze, sich als legitim zu erweisen, nämlich:

(1.) **Rechtspositivismus.** Vom Naturrecht hält Luhmann nichts.[105] Als Rechtspositivismus wird bezeichnet, dass die siegreiche Gewalt sich über ein gewisses Territorium auf Dauer installieren und dort Beliebiges verfügen kann. Die Verfügung macht das Regelwerk aus; es ist verbindlich qua Macht, wird also »generalisiert«. Rechtsstaatlichkeit – mal erklärt er sie gegen die Empirie zum Normalfall,[106] mal zu einer Ausnahme[107] – heißt, dass die Machthaber das Regelwerk nicht nach Belieben im eigenen Interesse verändern können, sondern das Regelwerk bindet sie selber. Der Vorteil für die Unterworfenen besteht darin, dass die Gewaltanwendung durch das stabile Regelwerk kalkulierbar wird (es mag, wie bereits angedeutet, leichter sein, unter dem Regime iranischer Mullahs zu überleben als demjenigen des Islamischen Staats).

(2.) **Notwendigkeit.** Jedoch führt Beliebigkeit zu keinem Regelwerk – es sei denn, die möglichen Regeln werden ausgewürfelt (was unmöglich sein dürfte, weil tendenziell unendlich viele Regelwerke denkbar wären). Im Hintergrund wirkt bei Luhmann die Vorstellung, die »moderne Gesellschaft« sei durch bestimmte »Notwendigkeiten« gekennzeichnet, *welche sich nur auf eine einzige mögliche Art realisiert lassen.* »Seit ihren Anfängen ist die bürgerliche Gesellschaft der Neuzeit sich bewußt, daß ...«[108] Solch einen Satzanfang vermutet man eher bei einem Vulgärmarxisten der niedrigsten Reflexionsstufe als bei jemandem, der als schwieriger und komplexer Denker gilt. Zu den Invarianten der modernen Gesellschaft zählt Luhmann *Differenzierung* und *Macht*. In seiner Theorie zum Erziehungssystem kommt die Schulbildung als *die* Voraussetzung zur Teilhabe an der differenzierten Gesellschaft hinzu.

[§45] Mit dem Rekurs, bestimmte Regelwerke seien qua Notwendigkeit legitimiert, handelt Luhmann sich freilich ein Problem ein. Das Argument, etwas sei notwendig, mithin anders nicht denkbar oder machbar, ist nur dann ein Argument, wenn es durch Überzeugung generalisiert und auf Andere übertragen wird, nicht, wenn Gewalt im Spiel ist. Sobald Gewalt im Spiel ist, wird das Argument zur Ideologie, zur Rechtfertigung von Gewalt, welche auch ohne das Argument angewandt würde, um das Gewollte durchzusetzen. Will Luhmann das Argument aufrecht erhalten, Schulbildung sei eine »alternativlose« Zutat des modernen

Lebens, dürfte das System, zu dem die Schulbildung »sich« differenziert, nicht auf Gewalt gegründet sein.

[§46] Würde Luhmann zugestehen, dass das Schulsystem auf Gewalt basiert, müsste er in einer anderen Weise darstellen, was es motiviert: Er müsste eine ideologiekritische Analyse liefern, welche Motive das Schulsystem zu seiner eigenen Rechtfertigung hervorbringt, im Kontrast zu den Interessen, die es in Wirklichkeit regieren. Und genau das ist die Schwäche sowohl der Machttheorie als auch der Theorie des Erziehungssystems Luhmanns, nämlich dass er die Möglichkeit von Ideologie kategorial ausschließt: Laut Luhmann kann es im Agieren der Macht, etwa in ihrer Installation der Schulpflicht, keine Interessen geben, die von funktionaler Notwendigkeit abweichen, das heißt, den herrschenden Interessen entsprechen statt den Interessen der ideologisch behaupteten Allen. Demgegenüber sei darauf verwiesen, dass eine fundamentale Differenz besteht zwischen den Interessen der Machthaber (Herrschenden) und denen der Unterdrückten.

[§47] Es bleibt dabei: Macht ist Luhmanns Terra incognita. Die Feldtheorie von Kurt Lewin enthält implizit, wie ich zeigen werde, auch das feinere Instrumentarium, um das Phänomen der Macht zu analysieren.

# Unbehagen in der Schule

## System | Epigramm

**[§01]** 1986 veröffentlichte Jürgen Markowitz das Buch *Verhalten im Systemkontext: Zum Begriff des sozialen Epigramms – Diskutiert am Beispiel des Schulunterrichts*. Niklas Luhmann steuerte zu diesem Buch ein knappes, zustimmendes Vorwort bei. Luhmanns Hauptwerk *Soziale Systeme*, das im gleichen Jahr erschien, konnte Markowitz noch nicht kennen; die neueste im Literaturverzeichnis aufgeführte Schrift Luhmanns ist die über die *Reflexionsprobleme im Erziehungssystem*, zusammen mit Karl-Eberhard Schorr 1979 veröffentlicht. Markowitz strebt die Verbindung zwischen Systemtheorie und Phänomenologie an (genannt werden Edmund Husserl und Maurice Merleau-Ponty), um ein Raster für die Verhaltensanalyse namentlich der Schüler und Lehrer zu entwickeln. Ich befrage den Text daraufhin, ob in ihm die mir bei Luhmanns Analyse des Schulsystems aufgefallenen Mängel behoben sind.

**[§02]** Der zentrale Begriff bei Markowitz ist nicht »System«, sondern »(soziales) Epigramm«. Literaturhistorisch ist ein Epigramm ein Gedicht, das an einem Denkmal oder einem Grab auf die verstorbene oder geehrte Person hinweist, und sodann als eigenständige Form einen oft spöttischen kurzen Gedanken fasst (ein gereimter Aphorismus). Der Begriff des »sozialen Epigramms« hat sich, soweit ich sehe, nicht durchgesetzt. Mit ihm bezeichnet Markowitz ein Geflecht von zum Teil ausgesprochenen, zum Teil unausgesprochenen Erwartungen oder Regeln, die das Verhalten einer formell oder informell zusammengehaltenen Gruppe bestimmt. Ein Beispiel ist etwa die Frage, wann ein Schüler im Unterricht aufstehen und den Raum verlassen dürfe. Ausgesprochen sei die Regel, dass er den Lehrer zuerst um Erlaubnis bitten müsse. Dennoch treten Fälle auf, in denen ein Schüler seine Absicht, den Raum zu verlassen, nur mitzuteilen brauche oder dies sogar wortlos tun könne, ohne Sanktionen befürchten zu müssen.[109] Die Grenze zwischen »erlaubt (regelkonform)« und »unerlaubt« ist nicht einfach durchschaubar und muss von den Beteiligten erst gelernt werden; auf jeden Fall folgt sie jedoch gewissen Regeln, ansonsten bliebe Sanktion rein willkürlich. Dieser Fall zeigt übrigens auch, dass es Markowitz beim »Beispiel des Schulunterrichts« tatsächlich um ein eher unspezifisches Thema geht. Die gleiche Frage wie bei dem Verlassen des Klassenraums durch den Schüler tritt auch im Familienkreis auf, wenn einer aus einer gemeinsamen Situation – etwa dem Zusammensein im Wohnzimmer – heraus diese verlässt.[110] Über weite Strecken bemüht Markowitz andere als schulische Beispiele, etwa das Verkehrsverhalten eines Autofahrers.[111] Gerne greift er Beispiele aus dem Tierreich auf, etwa das Verhalten von Primaten und Delphinen.[112] Dabei zitiert er die Aussagen über tierisches oder menschliches Verhalten von Gregory Bateson bis Paul Watzlawick so, als verkündeten sie geradewegs die Wahrheit. Unterrichtsprotokolle führt er an, als spiegelten sie die Wirklichkeit eins zu eins wieder. Die Wahl der Beispiele erscheint mir eher dem didaktischen Gesichtspunkt zu folgen, auf welche Weise ein Gedanke am einfachsten zu illustrieren sei. Über die Frage, ob tierisches Verhalten ohne weiteres auf menschliches Verhalten übertragen werden könne, wird an keiner Stelle behandelt. Überdies klingen die Unterrichtsbeispiele, fast ausschließlich entstammen sie dem Kontext des US-amerikanischen Schulalltags, bereits für 1986 antiquiert, stammen sie doch vornehmlich aus Schriften der 1950er und 1960er Jahre.

[§03] Was versteht Markowitz unter »System«? Während er andere Begriffe ausführlich entwickelt, benutzt er den Begriff »System« stets in der Voraussetzung, der Leser wisse schon, um was es gehe. Ziemlich weit hinten findet sich fast im Vorübergehen die Notiz, »das eigentümliche Gefüge der Jeweiligkeit des Systems« sei »die Struktur dessen, was hier als die Aktualität des Epigramms zu fassen versucht wurde«.[113] Mit expliziter Berufung auf Luhmann heißt es weiter vorn, er ginge »davon aus, daß man das vielfältige, komplexe Prozedere sozialer Interaktion in einer Schulklasse als Sozialsystem, als ein System organisierter Interaktionen ansehen« könne (müsse?).[114] Die beiden Luhmann'schen Kriterien für ein System, »Autonomie« und »Selbstorganisation«,[115] sind damit nicht benannt. Die Definition des Systems durch Markowitz widerspricht derjenigen durch Luhmann nur dann nicht, wenn er für die »Aktualität des Epigramms« reklamieren würde, dass das Epigramm durch die »Mitglieder eines Interaktionssystems« in autonomer Selbstorganisation festgelegt und entwickelt werde. An dieser Stelle tut bei Markowitz sich das gleiche Dilemma auf wie bei Luhmann.

[§04] Bleiben wir bei dem Beispiel, dass ein Schüler den Klassenraum während des Unterrichts verlassen möchte oder faktisch verlässt. Gegenüber der ausgesprochenen Regel, dies sei nur nach dem Einholen der ausdrücklichen Zustimmung des Lehrer erlaubt, lassen sich vermutlich spezifische unausgesprochene oder sogar ausgesprochene Feinstrukturen der Regel beobachten, die von Schule zu Schule und im Gefüge einer Schule selber von Lehrer zu Lehrer unterschiedlich sind. – Für das Epigramm ergeben sich nun drei Stufen:

1. Die allgemeine Regel, die innerhalb einer pädagogischen Grundeinstellung für die meisten Schulen eines territorial integrierten politischen Systems gilt; allerdings finden sich auch Ausnahmen wie zum Beispiel sogenannte freie oder Alternativschulen. Für öffentliche Schulen freilich ist die allgemeine Regel eher politisch-administrativ festgelegt, als dass das Schulsystem sie »autonom« generiert. Eine derartige »Autonomie« wäre nur in einer korporatistischen politischen Struktur möglich, in der Körperschaften zwar staatlich mit der Macht ausgestattet werden, eigene Regeln zu formulieren, aber frei sind, sie unabhängig von anderen Bereichen der Legislative zu fassen. Ansätze einer solchen korporatistischen Struktur gibt es im Bildungsbereich etwa bei Universitäten; sonst etwa bei berufsständischen Körperschaften oder bei Arbeitnehmer- und Arbeitgeberverbänden. Die Schulen sind in Deutschland jedoch nicht korporatistisch organisiert. Diese allgemeinen, politisch-administrativ vorgegebenen Regeln sind ausformuliert, und sie können Gegenstand von Gerichtsentscheidungen werden.

2. Schulinterne Regeln, die im Interpretationsrahmen der politisch-administrativ aufgestellten Regeln spezifische Festlegungen vornehmen, etwa durch eine Schulordnung, durch Anweisungen des Schuldirektors oder durch Beschluss des Lehrerkollegiums. Auch solche schulinternen Regeln liegen meist schriftlich vor. Möglich ist freilich auch, dass eine Art Kultur sich in einer einzelnen Schule bildet, die gemeinsame, aber unausgesprochene Regeln als Handlungserwartungen artikuliert und tradiert.

3. Lehrerabhängige Regeln, die sich aus der Persönlichkeit des Lehrers im Wechselspiel mit dem Verhalten der Schüler der Klasse entwickeln. Wie tolerant die jeweiligen Schulen oder die zuständigen politisch-administrativen Instanzen

gegenüber lehrerabhängigen Regeln sind, wenn diese den allgemeinen oder schulinternen Regeln entgegenstehen, hängt wiederum an einer Reihe von Bedingungen. Hier müssen also weitere Einflussfaktoren betrachtet werden, zum Beispiel Eltern und Öffentlichkeit. Wenn Eltern mit bestimmten lehrerabhängigen Regeln nicht einverstanden sind, können sie sich bei dem Schuldirektor, bei der übergeordneten Behörde oder bei einem Gericht gegen sie verwahren. In bestimmten Fällen geraten Handlungen von Lehrern via Medien auch in den Fokus der Öffentlichkeit, insofern sie als Skandal gewertet werden.

[§05] Eine solche Klassifikation der Einflussfaktoren auf die Bildung von sozialen Epigrammen nimmt Markowitz freilich nicht vor, weil er wie Luhmann an keiner Stelle Macht oder politische Herrschaft thematisiert. Die Verhaltensregeln und -erwartungen – Epigramme – werden seinen Beschreibungen zufolge zwar sozial codiert, jedoch scheint laut Markowitz Macht, Herrschaft oder auch nur ein asymmetrischer Einfluss der verschiedenen Beteiligten keine nennenswerte Rolle zu spielen. Dies werde ich am Beispiel der Disziplinprobleme im Einzelnen nachzeichnen. Vorab hier ein Unterrichtsprotokoll, welches Markowitz zitiert, ohne den Aspekt der Macht zu streifen. Es handelt sich darum, dass eine Schülerin etwas vorträgt, und beobachtet das Blickverhalten der Klasse: »Keine einzige im Bildausschnitt sichtbare (Schülerin) schaut (Schülerin 6) an, alle sehen (zum Lehrer), um auf seinen Zügen möglichst früh ablesen zu können, ob der Beitrag von (Schülerin 6) sein Wohlgefallen findet.«[116] Unabhängig davon, dass die Aussage »um ... ablesen zu können«, keine Beobachtung, sondern eine – vermutlich richtige, jedenfalls unmittelbar einleuchtende – Interpretation oder Projektion darstellt: Wenn die Projektion oder Interpretation zutrifft, dann tun die Mitschüler dies, weil ihr Interesse nicht darin besteht, zu hören, was die junge Frau zu sagen hat, sondern das Urteil der Autoritätsperson abschätzen zu können. In einem Lernkontext, der durch Interesse strukturiert ist, wäre das Blickverhalten anders. – Diesen Gedanken nehme ich am Ende der Lektüre des Markowitz-Buches auf.

## Schulische Disziplinprobleme

[§06] Disziplinprobleme stehen im Zentrum dessen, was Markowitz beschreibt; allerdings benutzt er zumeist bloß verquaste Euphemismen, so zum Beispiel »okkulte [das soll sagen: verdeckte] Engagements«,[117] »Störverhalten«[118] und Verweigerung der »Disponibilität« oder der »Folgebereitschaft«;[119] dagegen kommen gängige Begriffe wie Disziplin, Disziplinlosigkeit, Disziplinierung und Sanktion nur selten vor. Rund die Hälfte seines Buches ist dem Problem der Aufmerksamkeit gewidmet, das er »Attention« nennt. Es geht ihm um den Wechsel der Aufmerksamkeit des Lehrers zwischen dem Stoff, dem aktiven Schüler (der etwa eine Antwort gibt) und der Klasse, um zu prüfen, ob die übrigen Schüler dem Unterricht folgen, sich passiv entziehen oder aktiv stören. Sowohl bei Passivität als auch beim Stören stellt dem Lehrer sich die pädagogische Herausforderung, ob er eingreifen solle (müsse?) und in welch einer Form der disziplinierende oder sanktionierende Eingriff zu erfolgen habe. Diesen Vorgang nennt Markowitz »attentionales Alternieren«,[120] Wechselspiel der Aufmerksamkeit. Aber warum verweigern manche Schüler sich passiv dem Lernangebot und andere sabotieren es aktiv durch Stören? Und warum muss der Lehrer darauf achten, die Passiven zur Aufmerksamkeit zu ermahnen?

[§07] Noch zu Beginn seiner Ausführungen stellt Markowitz eine entscheidende Frage, auf die er meines Erachtens später weder eingeht, geschweige denn eine Antwort präsentiert: »Warum lernen manche Schüler, warum viele andere jedoch nicht?« Er bietet eine mögliche Antwort aus der pädagogischen Literatur an, die ihm (zurecht) als doch recht beschränkt vorkommt: »Können wir uns mit dem limitierenden Verweis auf die jeweilige ›biographische Situation‹ begnügen?« Damit meint er – vermutlich – die Erklärung, die unterschiedlichen Reaktionen auf das Lernangebot in der Schule würden durch die Sozialisation in Familie und Umfeld hervorgerufen (Stichworte: Bildungsnähe und -ferne; subkulturelle Orientierung). Schließlich formuliert er als sein »forschungsleitendes Interesse« die Frage: »Warum partizipieren Menschen – z. B. Schüler oder politische Bürger – so ungemein unterschiedlich an Kontexten, in denen – ob mit ihnen oder ohne sie – auch über ihr Geschick entschieden wird?«[121] So dicht an die Machtfrage, nämlich dass in der Schule über das Geschick der Schüler entschieden werde, nähert er sich an keiner Stelle später. Auch die Ausweitung der Frage auf politische Teilnahme (Partizipation) kommt nicht wieder vor.

[§08] In der Schule geht es demnach nicht nur um Lernen und Lehren, sondern auch, vielleicht sogar vordringlich um das »Geschick« (Schicksal) der Schüler: um ihre Möglichkeiten und Chancen im späteren Leben; und ganz speziell um ihre ökonomische Zukunft (Stichwort: Berechtigungswesen). Diese ökonomisch-beruflichen Möglichkeiten und Chancen – Geschicke – werden wesentlich über die Zeugnisse definiert.[122] Die Themen Notengeben und Abschlüsse jedoch sucht man in Markowitz' weiteren Ausführungen vergebens. Die Anwendbarkeit des Gelernten im späteren Leben und die Brauchbarkeit desselben für den Beruf sind kein Gegenstand der Reflektion mehr. An keiner Stelle des Textes geht es darum, ob das, was gelehrt wird, in sich sinnvoll, ob es für die Schüler nützlich, brauchbar oder auch nur von augenblicklichem (vorübergehendem) Interesse sei. Seine »forschungsleitende« Ausgangsfrage hat er scheints vergessen.

[§09] Nach diesen Überlegungen könnte ein Schüler möglicherweise dann in Tagträume abdriften, mit dem Banknachbarn quatschen oder zur Sabotage (Störung) greifen, wenn er ...

... an dem Stoff des Unterrichts kein aktuelles Interesse hat (er driftet in Gedanken zu dem ab, was momentan ihn beschäftigt; trägt einen Konflikt mit den Klassenkameraden aus usw.). Das hehre pädagogische Ziel ist es, der Lehrer möge das – aktuelle – Interesse am Stoff im Schüler »wecken«. Manchmal gelingt dies. Aber niemals verliert man in der Wissenschaft auch nur ein Wort darüber, was geschieht, wenn es nicht klappt!

... den Stoff oder die spezifische Herangehensweise des Lehrers für sein Fortkommen als nicht nützlich ansieht. Oft erfolgt der Verweis, man brauche den Stoff später im Leben (vulgo: im Beruf). Doch meist wissen die Schüler, die ein klares berufliches Ziel bereits haben, viel besser als die Lehrer, was sie brauchen werden. Für alle Übrigen ist die Motivation über die Nützlichkeit des Stoffs eh für die Katz.

... die Erfahrung gemacht hat, dass, egal was er anstellt (zum Beispiel Nachfragen), er sowieso von dem Lehrer ignoriert oder gar schikaniert und gedemütigt wird. Demütigung! Schikane! Selbst wenn jemand zu den glücklichen Schülern gehört, die dies nicht am eigenen Leib erfahren haben, kennt er es von Klassenkameraden! Wo gibt es die pädagogische, erziehungswissenschaftliche, soziologische oder psychologische Beschäftigung mit diesen alltäglichen Erfahrungen!

**[§10]** Die Sinnfälligkeit weder des Lehrer- noch des Schüler-verhaltens erörtert Markowitz, obgleich er in seiner er-kenntnistheoretischen Einleitung an Edmund Husserls Begriff der »Intentionalität« anknüpft.[123] Er zitiert viel-mehr einen Soziologen aus den 1950er Jahren, der Lehrer sei »verpflichtet, die Ordnung aufrechtzuerhalten«.[124] Wie immer steht die Aussage des Zitats da, als verkünde sie ex cathedra die Wahrheit; eine andere Interpretation der Pflicht des Lehrers gab es nicht und gibt es nicht. Aber ist die Ordnung Selbstzweck? Und haben die Angriffe auf die Ordnung, mithin Konflikte mit den Schülern (denn ohne Angriff auf die Ordnung keine Notwendigkeit, sie »auf-rechtzuerhalten«, also zu verteidigen), keine Gründe? Statt auf naheliegende Fragen wie diese einzugehen, schließt Markowitz folgendermaßen an das Zitat an: »Die Verant-wortlichkeit des Lehrers nötigt ihn dazu, sämtliche seiner Schüler mit Aufmerksamkeit zu belegen.«[125] Mit dieser Formulierung wird das Verteidigen der Ordnung zum rein technischen Problem. Dass es sich hierbei um ein Problem der Disziplinierung handelt, wird nur indirekt deutlich an den Unterrichtsprotokollen, die Markowitz zitiert, und die von den Anweisungen und Zurechtweisungen handeln, mit denen ein Lehrer »fast gleichzeitig« verschiedene Schüler bedenkt.[126] In diesem Zusammenhang zitiert Markowitz die Beschreibung der Situation in einer US-amerikanischen Schule eines Problembezirks, an der Disziplinierung nicht mehr gelingt und die Schüler regulären Unterricht ver-unmöglichen.[127] Auch an dieser Stelle kehrt er nicht zu der Frage zurück, warum die Schüler hier nahezu geschlossen den Unterricht sabotieren, der doch »auch über ihr Ge-schick entscheidet«.[128] Vielleicht deshalb, weil die Schüler bereits wissen, dass der Unterricht ihnen das ihnen zuge-dachte Geschick (Schicksal) nicht ersparen wird? Wie dem auch sei, es liegt hier vermutlich nicht ein Problem vor, das sich durch die rechte Form der Aufmerksamkeit lösen lässt; es ist *systembedingt*.

[§11] Trotz solcher Zitate behauptet Markowitz dann im weiteren Verlauf seiner Überlegungen, »gravierende« Fälle von »Regelverletzungen« seien »nicht typisch für den unterrichtlichen Alltag«.[129] Später schließt er an ein Zitat von Irenäus Eibl-Eibesfeldt zu der Tendenz von Tier und Mensch, geschützte Nischen und Höhlen aufzusuchen, die Bemerkung an: »Die Schule ist, gemessen an solch einer basalen Disposition, natürlich eine befriedeter Bereich. Existentielle Betreffbarkeit gehört nicht zu diesem Alltag.« Hiermit verdrängt er nicht bloß sein eigenes Zitat zu den Zuständen in einer Schule eines sozialen Brennpunkts, vielmehr auch den alltäglichen Wahnsinn von Demütigung der Schüler und Drangsalierung der Lehrer, der ihren Beruf zu dem mit einer extrem hohen Rate von Frühverrentung macht: »Jeder vierte [Lehrer] scheidet weit vor Erreichen des Rentenalters infolge einer psychischen Erkrankung aus.«[130] Von diesem Datum schweigt Markowitz, wie wenn es keine Bedeutung für das »Verhalten im Systemkontext« habe. Aber es kommt noch schlimmer: »[Als befriedeter Bereich] ist [die Schule] gedacht. Ob das alltäglich erreicht werden kann, hängt nicht unwesentlich ab von der Disponibilität der Schüler.«[131] Mit »Disponibilität« der Schüler ist nun nichts anderes als deren »Folgebereitschaft« bezeichnet; Handeln außerhalb der Folgebereitschaft (außerhalb »der glatten Fassade der Aufmerksamkeit«) nennt Markowitz »verdeckte Engagements«,[132] oder ganz profan »Störverhalten«.[133] Derart landen wir bei der Aussage, die Schule sei dann ein befriedeter Bereich, sofern die Schüler Gehorsam üben, sofern sie auf »verdeckte Engagements« verzichten.

**[§12]** Aber aus welchem Grund weichen Schüler auf »verdeckte Engagements« aus? Diese Frage stellt Markowitz nicht; sie kommt wiederum nur verdeckt in einer Nebenbemerkung eines Zitats von einem Lehrers vor, ohne dass er sie weiter interpretiert: »Es ist erstaunlich [...], wenn es um Sachen geht, die sie für wichtig halten – nicht erwischt werden ... sie setzen ihren Verstand manchmal verkehrt ein.«[134] Was für eine Pädagogik, in der das, was die Schüler für wichtig halten, ein verkehrter Einsatz des Verstandes ist! Wenn das Interesse der Schüler als bloßer Störfaktor in Erwägung gezogen wird, sollte es niemanden überraschen, dass die Schüler zur Störung als Selbsthilfe greifen.

## ¿Cuernavaca?

**[§13]** Anders als bei Luhmann tut sich bei Markowitz allerdings ein Spalt in der Tür zur Einsicht auf, dass es erstens bestimmte politische Festlegungen sind, welche die Schule zu dem machen, was sie ist, sie also nicht einer Systemnotwendigkeit entspringt, und zum anderen dass es eine andere Möglichkeit der Schulorganisation gäbe. Beide Einsichten sind freilich verdeckt – »okkult« sozusagen – und die Möglichkeit einer Alternative wird bloß recht indirekt angesprochen.

**[§14]** Der Modus der sozialen Integration, den die (öffentliche, staatliche) Schule darstellt, lege fest, so Markowitz, »daß junge Menschen mit erheblichem Bewegungsdrang für die Dauer mehrerer Stunden eines Tages möglichst bewegungslos an einer Stelle sitzen bleiben müssen und daß ihnen außerdem auch noch minutiös vorgeschrieben wird, wann sie mit wem worüber und wie reden dürfen«.[135] Das klingt fast schon schulkritisch; eine Rückbindung dieses Statements an die Problematik der Disziplin erfolgt jedoch nicht.

**[§15]** Die »Grundentscheidung« (von *wem* getroffen?), »wonach Unterricht kaserniert stattzufinden habe«¹³⁶ und auf einer »Zwangsmitgliedschaft« (Verweis auf Schulpflicht?) beruhe, geht laut Markowitz mit »Autonomieverlust« (der Schüler) einher, »da die Schüler die Erziehungsziele nicht selbst ausgesucht haben«.¹³⁷ Diese Grundentscheidung ist »normativ«¹³⁸ und legitimiert die Beschneidung der Autonomie; wie jedoch ist jene normative Grundentscheidung legitimiert? Dazu kein Wort, ausgenommen der Hinweis, »in der politischen Umwelt« gebe es »heftige Auseinandersetzungen« um Fragen der Gestaltung der Schule.¹³⁹ Als die allgemein für die Schule akzeptierte und ihrer Gestaltung zugrundeliegende Norm nennt Markowitz das »Recht auf Bildung«, aus dem das »Konzept der Chancengleichheit« abzuleiten sei.¹⁴⁰

**[§16]** Freilich ist das mit »Autonomieverlust« und »Zwangsmitgliedschaft« – beides Kennzeichnungen, die Markowitz benutzt – erkaufte »Recht auf Bildung« plus »Chancengleichheit« nur dann begrifflich zu halten, wenn man eine »gleiche Kompetenz« aller Kinder projiziert (zudem, über Markowitz hinaus: ein »gleiches Interesse«). Markowitz nennt diese Projektion »fiktional«,¹⁴¹ denn sie widerspricht offensichtlich jeder Empirie. Für die Kinder, die in der Schule nichts lernen, als dass sie Versager sind, realisiert sich kein Recht auf Bildung und keine Chancengleichheit. Die tatsächliche Ungleichheit (oder Individualität) der Kinder könne, zitiert Markowitz den us-amerikanischen Anthropologen Jules Henry (1904-1969), die Schule nicht handhaben.¹⁴² Obwohl der zitierte Autor sein Statement dezidiert kritisch meinte – das Buch, dem es entnommen ist, trägt den Titel *Culture Against Man* (1963) und vertritt die (an Freuds *Unbehagen in der Kultur* gemahnende) These, viele der kulturellen Institutionen des modernen Lebens schadeten den Menschen –, folgt bei Markowitz nicht die Frage, ob – und gegebenenfalls wie – Lernen, Schule und Bildung eventuell anders organisiert werden könnten, auf dass der Individualität der Aufwachsenden Rechnung getragen werde.

[§17] Es gibt genau eine Stelle, an der Markowitz die Möglichkeit einer Alternative diskutiert. Diese Stelle zitiere ich ausführlicher, um sie dann zu interpretieren: »Schulen wie zum Beispiel Tvind, aber auch die meisten traditionellen Privatschulen, schließen Schüler endgültig aus, wenn festgestellt wird, daß mit ihnen der Konsens nicht herstellbar ist. [...] ›Öffentliche Schulen wirken u. a. deshalb gewaltsamer, weil sie nicht die Möglichkeit haben, Kinder oder Jugendliche, die den Grundkonsens nicht einhalten, von der Schule zu verweisen. Sie müssen also den Konsens erzwingen, was, wenn es nur noch gewaltsam geschieht, ein Widerspruch in sich ist‹ (Lingelbach, Diederich [...]). [...] In der Jensener Pädagogik z. B. wurde versucht, dem Auseinanderfallen [...] in Form von Patenschaften zu begegnen. ›Ältere Schüler übernahmen für Jüngere die Verantwortung und damit zugleich die Verpflichtung, sich selbst vorbildlich zu verhalten‹ (Lingelbach/Diederich [...]).«[143]

[§18] Tvind-Schulen wurden 1973 in Dänemark aus dem alternativen Hippie-Milieu heraus gegründet. Sie sind den deutschen Alternativ-, freien und antiautoritären Schulen jener Zeit in Deutschland ähnlich (und es fragt sich, weshalb Markowitz nicht etwa auf die »Freie Schule Frankfurt« verwiesen hat, auf die »First Street School« George Dennisons in New York oder auf A. S. Neills »Summerhill« in England, auf die Montessori-Schulen usw.). Ende der 1980er Jahre gerieten die Tvind-Schulen aufgrund unterstellter »Sektenhaftigkeit« und »undurchsichtiger« Finanzierungspraktiken sowie angeblich fehlender Sicherheit der Schüler nach einem tragischen Unglück mit Todesopfern in die Kritik, in den 2000er Jahren wurden Prozesse gegen einige Repräsentanten der Schulen geführt. Es ist hier nicht der Ort, diese Details zu überprüfen.

[§19] Der Begriff »Jensener Pädagogik« verweist auf den sogenannten »Jenaplan« des Reformpädagogen Peter Petersen (1884-1952), den dieser an der Universität Jena in den 1920er Jahren entwickelt hatte. Heute gibt es, trotz der Kritik an Peterson als ein (angeblicher) Parteigänger des Nationalsozialismus, eine Reihe Schulen, die dem Jenaplan folgen. Als Grundprinzipien statuiert er die Einzigartigkeit jedes Menschen und den kontinuierlichen Verbesserungsprozess der Schule. Auch in diesem Fall ist ein Eingehen auf die Details und die Frage der Berechtigung der Kritik nicht notwendig. Entscheidend für die vorliegende Problematik ist eine Betrachtung der Aspekte »Ausschluss« sowie – was Markowitz nicht nennt – »Austritt«.

[§20] Zunächst einmal sei aber festgestellt, dass es auch im öffentlichen Schulsystem den Ausschluss gibt, den Schulverweis. Im Bereich nach der Vollzeitschulpflicht wird ein der Schule verwiesener Schüler, wenn keine andere weiterführende Schule ihn aufnimmt, Teilzeit schulpflichtig (Berufsschule) bis zu dem Alter, in dem die Schulpflicht ganz erlischt. Doch kommt es auch bei Schulen im Bereich der Vollzeitschulpflicht gelegentlich zum Schulverweis, weil meist keine absolute Verpflichtung einer einzelnen Schule besteht, jeden Schüler anzunehmen und unter allen Bedingungen zu dulden. Der Schulverweis bei Vollzeit schulpflichtigen Kindern führt zu der paradoxen Situation, dass sie bzw. ihre Eltern sich aufgrund des Verstoßes gegen die Schulpflicht strafbar machen, andererseits ihnen keine Möglichkeit offensteht, ihrer »Pflicht« nachzukommen. In vielen Fällen wird das Nichtzurschulegehen »schwieriger«,

»renitenter«, »aggressiver« Kinder – Kinder mit »herausforderndem Verhalten« – stillschweigend durch die Behörden geduldet. Um wie viele Kinder es sich handelt, ist unbekannt, da Daten hierfür von den Behörden nicht erhoben oder nicht veröffentlicht werden, genauso wie es keine Daten gibt, wieviele Kinder sich in Erzwingungshaft befinden bzw. wieviele Eltern von Zwangsmaßnahmen betroffen sind. Aber niemand bestreitet, dass es vorkommt. Es gibt Schüler, bei denen die Integrationsmechanismen versagen. Sie haben derzeit kaum Alternativen. Und es gibt Kinder, die, obwohl der Weg zur Partizipation an der Gesellschaft besonders in ökonomischer Hinsicht fast einzig durch das erreichte Level der Schulbildung bestimmt wird, den Besuch der Schule verweigern.

[§21] Was wäre anders, würde die Grundentscheidung über die Organisation des Schulsystems die Möglichkeit von **Austritt** (seitens der Schüler) und **Ausschluss** (seitens der Schule) einräumen? Ganz offensichtlich würde jedenfalls ein Großteil der Konfrontation zwischen Schülern und Lehrern wegfallen: Lehrer wären nicht mehr neben ihrer Funktion als Lehrer auch Vollstrecker der Zwangsmaßnahmen, denn Unwillige könnten austreten. Und durch die Möglichkeit des Ausschlusses könnten renitente Störer, die nicht nur den Lehrer, sondern auch die lernwilligen Mitschüler belasten, entfernt werden. Allerdings entstammt ein anderer Teil des Zwangscharakters der Schule nicht der Pflicht zu ihrem Besuch, vielmehr dem Berechtigungswesen, das Markowitz freilich unberührt lässt; ich habe es ausführlich im Zusammenhang der Luhmann-Lektüre diskutiert.

[§22] Erinnern wir uns an das Beispiel des Blickverhaltens im Unterricht, das Markowitz zitiert.[144] So unauffällig es scheinen mag, es gibt doch Einblick in das Grundproblem eines Unterrichts, der durch eine Schulpflicht und durch das Berechtigungswesen gekennzeichnet wird. Das Interesse der Schüler richtet sich nicht auf die Sache und aufs Lernen, sondern auf das Wohlwollen des Lehrers: Nicht das, was die Schülerin sagt, ist von Interesse, sondern wie der Lehrer es einschätzt. In einer Sprachschule, in einer Fortbildungsveranstaltung und in sonstigen Situationen einer freiwilligen Teilnahme an einem Lernprozess wird die Aufmerksamkeit sich auf den richten, der gerade etwas Substanzielles beiträgt, nicht auf den Leiter des Prozesses, wenn dieser nicht selber spricht.

[§23] Auf seine eingangs gestellte Frage, weshalb Schüler teilweise die Partizipation in einem Prozess vorübergehend oder vollkommen verweigern, der doch über ihr »Geschick« bestimme,[145] nimmt Markowitz wie gesagt in den folgenden Ausführungen keinen Bezug mehr. Die Antwort lautet, meines Erachtens eindeutig und unzweifelhaft, dass die erzwungene Teilnahme (Schulpflicht) und die Erfahrung, in der Schule eben das eigene Geschick nicht positiv beeinflussen zu können, zumindest die beiden wesentlichen Faktoren für die viel beschworenen und oftmals beklagten Disziplinprobleme in der Schule sind.

[§24] Die nächstliegende Frage, aus welch einem Grund die Schule so organisiert und strukturiert sei, wie sie es ist, stellt Markowitz erst gar nicht; warum die von ihm immerhin angedeuteten Alternativen in ihrer Reichweite stark eingeschränkt oder nicht erlaubt werden. Luhmann gibt die folgende Antwort: Die Schule mit ihrer Struktur der erzwungenen Teilnahme und Vergabe der Berechtigungen zu der Partizipation an den gesellschaftlich-ökonomischen Chancen diene der sozialen Integration. Und diese Art der Integration sei objektiv alternativlos (also kein möglicher Gegenstand der kontingenten politischen Entscheidung).

Das leuchtet nicht ein. Denn Freiwilligkeit würde ebenfalls eine soziale Integration bewirken, ja sie integriert auf eine noch kraftvollere Weise sozial: Mehr Kinder hätten unter der Bedingung der Freiwilligkeit bessere Chancen, ihr »Geschick« (ihre ökonomischen und sozialen Chancen) positiv zu beeinflussen. Recht auf Bildung und Chancengleichheit wären in effektiverer Form verwirklicht.

**[§25]** Fazit: Markowitz wirft vermittels seiner Phänomenologie einen realistischeren Blick auf die Schulwirklichkeit, heilt aber nicht Luhmanns systemtheoretische Defizite.

# Feldtheorie

Belchertown State School für geistig Behinderte
gegründet 1922
1992 nach Klagen wegen schlechter Bedingungen geschlossen
Foto: Matthew Hester, 6. 7. 2013, CC-BY-ND *via* flickr
photos/matthewhester/9233779827

## Vorbemerkung

[§01] Von Kurt Lewin gibt es keine zusammenfassende Darstellung seiner Feldtheorie,[146] sondern nur einzelne Essays sowie wenige Monographien, die eher Ideensammlungen sind als fertige Theoriegebäude. Er veröffentlichte auch keine speziellen Abhandlungen zur Schule. Im Folgenden schöpfe ich aus meiner eigenen Rekonstruktion der Feldtheorie Lewins[147] und knüpfe insbesondere an seine erste Skizze der Feldtheorie im Sinne der Analyse von Kraftvektoren aus dem Jahr 1931 an, die Lohn und Strafe als Erziehungsmittel zum Beispiel heranzog, um eine neuartige »topologische« Darstellung von psychischen Vorgänge zu illustrieren; Schulsituationen kommen am Rande vor, die Schule als Institution thematisiert Lewin jedoch nicht.[148]

## Begriffe

[§02] Die Grundformel von Lewin, Verhalten sei Funktion von Person und Umgebung,[149] zitiert man oft, wendet sie aber selten an, denn, wie wir sehen werden, eignet sie sich zwar für ungemein fruchtbare Analysen, stellt freilich höchste Anforderungen an das Differenzierungs- und Reflexionsvermögen. Lewin setzt den Begriff »Verhalten« als nahezu gleichbedeutend mit »Bewegung« ein;[150] darum die metaphorischen Konzepte *Topologie* (»Ortskunde«)[151] und *Hodologie* (»Wegekunde«). Verhalten legt im wörtlichen wie im übertragenen Sinne »Wege«[152] zurück. Dieses Zurücklegen von Wegen erfordert zum einen *Richtung* und zum anderen *Kraft*, darum seine Rede von »Vektorpsychologie«. Die Richtung geht auf ein Ziel. Die Bewegung in Richtung auf das Ziel kann durch Gegenkräfte behindert oder durch eine Barriere blockiert werden. Bezogen auf **Gegenkräfte** kann das Verhalten bestehen in

- (G1) Kräftemessen (Überwinden),
- (G2) Ausweichen (Umgehung) oder
- (G3) Unterwerfung (Sichfügen);

bezogen auf **Barrieren** bestehen in

- (B1) Überwinden (Kräftemessen),
- (B2) Umgehung (Ausweichen) oder
- (B3) Sichfügen (Unterwerfung).

[§03] Das Sichfügen (G3 und B3) kann entweder (a) unter Protest vollzogen werden, eventuell nur im privaten Kreis geäußert, oder (b) ganz stillschweigend geschehen. In der stillschweigenden Variante ist eine Position der Nicht-Zustimmung durch Erhebungsmethoden, die auf verbalem Ausdruck basieren, kaum herauszufinden. Dennoch wird sie eine Auswirkung haben: Eine Handlung, die mit inhaltlicher Zustimmung erfolgt, ist immer zielgerichteter. Eine Position der Nicht-Zustimmung begleitet zumindest das Gefühl von Ressentiment und Resignation, dem die Zielerreichung einerlei ist und das stets nach einem Ausweg sucht, falls sich ein Schlupfloch findet (was Lewin als die »Umgehungstendenz« bezeichnet).

[§04] Gegenkräfte und Barrieren unterscheiden sich hinsichtlich ihrer Wirkweise. Eine Gegenkraft ist aktiv gegen die Zielerreichung eines Verhaltens gerichtet, die Barriere versperrt passiv den Weg. Die Barriere ist eine Mauer oder Wand, der Einschluss in einen Raum, im übertragenen Sinne eine Regel oder ein Gesetz (wobei Regel und Gesetz zusätzlich aktiver Kraft bedürfen, um sie durchzusetzen). Beide Wirkweisen – Gegenkräfte und Barrieren – müssen aufeinander abgestimmt sein, um gewünschte Verhaltensweisen hervorrufen zu können: Der Delinquent wird festgenommen (Gegenkraft) und eingesperrt (Barriere).

**[§05]** Eine Person, die sich in Richtung eines Ziels bewegt und dabei auf Gegenkräfte oder auf Barrieren stößt, wird sich immer irgendwie zu ihnen verhalten; andernfalls wäre die Kraft der Bewegung null und sie würde nichts bewegen. Die Frage lautet nicht, *ob*, vielmehr *wie* die Person sich verhält. So trivial diese Frage klingt, ist sie nicht. Etwa Niklas Luhmann vertrat die Auffassung, es gäbe institutionelle Bedingungen (Gegenkräfte und Barrieren), die keine Auswirkung auf das Verhalten hätten. Lewins Intention bestand hingegen darin, eine allgemein gültige Beschreibung der Gesetzmäßigkeit von Verhalten zu liefern, die jede im Feld wirksame Kraft einschließt.

### Institution Schule

**[§06]** Die durch Staatsgewalt eingerichtete und finanzierte Schule kennzeichnet als Institution, dass sie ...

... eine »Anstalt« (des öffentlichen Rechts) ist, also Gegenstand politischer und verwaltungstechnischer Vorgänge, und dass

... ihr Besuch für gewisse Altersgruppen zwangsweise erfolgt (Schulpflicht), sowie dass sie über die Schulpflicht hinaus

... Berechtigungen erteilt (beispielsweise zum Besuch einer Universität oder zur Ausübung eines Berufs).

**[§07]** Mit der Schulpflicht ist (laut Luhmann) eine Funktion der Inklusion gegeben, mit dem Berechtigungswesen eine der Inklusion widersprechende Funktion der Selektion verbunden; das Berechtigungswesen zwingt die Schule dazu, mit Notengebung und mit Prüfungen zu hantieren. Berechtigungswesen und »öffentliche« Finanzierung sichern der staatlichen Schule eine Monopolstellung und die Anwesenheitspflicht sichert der Institution darüber hinaus eine Abnahmeverpflichtung ihres »Produkts«. Das Produkt der Schule heißt im Übrigen »Unterricht«, und nicht etwa »ausgebildeter Schüler«; das letztere ist die unzutreffende Behauptung Luhmanns.[153] Das Produkt eines Restaurants heißt »Mahlzeit« und nicht etwa »Sättigung«. – Es ist klar, dass eine Institution, die die Berechtigung zur Ausübung eines angestrebten Berufs erteilt, keiner formalen Schulpflicht bedarf, um eine Monopolstellung zu behaupten. Aus der faktischen Monopolstellung eine funktionale Notwendigkeit zu folgern, ist soziologisch nicht haltbar.

**[§08]** Die Wirkung der öffentlichen Finanzierung wird hingegen kaum verstanden: Die Finanzierung der Institution über die Einnahmen der Staatsgewalt erfolgt unabhängig davon, ob diejenigen, denen der Besuch der Institution dann scheinbar kostenlos gestattet wird, sie auch wirklich in Anspruch nehmen. Falls eine Familie entscheiden sollte, dass ihre Kinder die öffentliche Schule nicht besuchen, würde sie des Nutzens verlustig gehen, der den ihnen vom Staat unter Gewaltandrohung extrahierten Geldmitteln – »Steuern« – innewohnt. Falls sie eine Alternative wählt, die für den Besuch Gebühren erhebt (was sie muss, da sie nicht aus Steuermitteln finanziert wird; außer sie finanziert sich über Spenden), zahlen die Eltern doppelt: die öffentliche Schule, die sie nicht nutzen, und die Alternative, die sie nutzen. Der erste, der diesen Mechanismus aufdeckte, war meines Wissens Milton Friedman 1955.[154]

**[§09]** Im Folgenden gehe ich von dem derzeit in der Bundesrepublik Deutschland herrschenden Schulsystem aus. Die Analyse trifft allerdings auf alle Staaten und alle Zeiten zu, in denen die institutionellen Bedingungen ähnlich lauten. Dabei beschränke ich mich auf die Kennzeichen des Schulsystems »Schulpflicht« (Niklas Luhmann bezeichnet dies als »Inklusion«) sowie »Berechtigungswesen« (Selektion) und lote mit ihnen aus, wie deren Rückwirkung auf das alltägliche Verhalten von Schülern und Lehrern in der Schule sowie auf das Verhältnis der Kinder zu ihren Eltern und der Eltern zu den Lehrern mit Hilfe der Feldtheorie von Kurt Lewin zu analysieren ist.

## Schulpflicht: Eltern und Kinder

**[§10]** Schulpflicht fällt unter jene durch Lewin formulierte formale Kategorie des »Gebots mit Strafandrohung«.[155] Die Angst vor Strafe möge bei der betroffenen Person ein Verhalten hervorrufen, das von dem durch sie ursprünglich eingeschlagenen Weg abweicht. In der Wirkung der Schulpflicht auf das Verhältnis zwischen Eltern und Kindern können wir formal vier mögliche Grundkonstellationen unterscheiden:

- (EK1) Eltern und Kinder stimmen gleichermaßen dem Besuch einer Schul zu (+ | +). In diesem Fall ist die in der Schulpflicht implizierte Strafandrohung irrelevant.

- (EK2) Eltern stimmen dem Schulbesuch zu, Kinder aber lehnen ihn ab (+ | –). In diesem Fall können die Eltern die Repression der Staatsgewalt nutzen, um sich durchzusetzen, wenn ihre eigenen disziplinarischen Kräfte nicht ausreichen, ihre Kinder zum Schulbesuch zu veranlassen. Für die Kinder ist es weitgehend unwichtig, von wem die Repression ausgeht, den Eltern oder dem Staat (bis zu einem gewissen Alter werden sie die beiden Quellen der Repression gar nicht unterscheiden).

- (EK3) Eltern lehnen den Schulbesuch zwar ab, Kinder stimmen ihm jedoch zu (– | +). In diesem Fall können die Kinder auf die Repression der Staatsgewalt rechnen, um sich durchzusetzen, falls sie die Eltern nicht auf anderm Weg zu überzeugen vermögen, ihnen den Besuch einer Schule zu gestatten und zu ermöglichen.

■(EK4) Eltern und Kinder lehnen den Schulbesuch einmütig ab (–|–). In diesem Fall muss die Repression der Staatsgewalt, falls sie sich durchsetzen will, gegen beide Akteure vorgehen.

Was das Verhalten der Kinder in der Schule betrifft, sind (EK1) und (EK3) – Zustimmung – sowie (EK2) und (EK4) – Ablehnung – sicherlich sehr ähnlich. Ob die Repression der Staatsgewalt via Eltern oder direkt durch die Verwaltungs- und Vollstreckungsorgane erfolgt, ist für das Verhalten des Kindes in der Schule wahrscheinlich von untergeordneter Bedeutung. Bedeutsam ist freilich, dass in den Fällen (EK2) und (EK3) die Schulpflicht einen innerfamiliären Konflikt heraufbeschwört, der jedoch im Rahmen der vorliegenden Analyse keine vertiefende Beachtung mehr finden soll.

[§11] Für eine weitere Differenzierung wäre bei diesen vier Grundkonstellationen zu beachten, dass

1. Zustimmung und Ablehnung in unterschiedlichen Intensitäten vorliegen können und dass die Stärke der Ablehnung eine Auswirkung darauf haben wird, welchen Weg der Reaktion die Eltern und die Kinder einschlagen; dass

2. Zustimmung und Ablehnung über die Zeit des Besuchs der Pflichtschule nicht gleich bleiben muss; dass mithin entweder die Eltern oder die Kinder sich umentscheiden mögen; sowie dass

3. Ablehnung (bzw. umgekehrt betrachtet: Zustimmung) nicht die ganze Schulsituation betreffen muss, sondern sich eventuell nur auf ganz bestimmte einzelne Lehrer, Fächer oder Inhalte erstreckt.

[§12] Wie die Grundkonstellationen (EK1) bis (EK4) jeweils zahlenmäßig gefüllt sind, ist kaum abzuschätzen und für meine Fragestellung völlig ohne Bedeutung, wenn die zwei Mengen (EK2) und (EK4) nicht *leer* sind. Dass sie es wären, ist freilich kaum wahrscheinlich. Denn dass Kinder sich auf die eine oder andere Weise mit dem Schulbesuch nicht einverstanden zeigen, ist alltägliche Erfahrung in der Schule. Es käme zu kaum irgendeinem schulischen Problem, wäre dem nicht so. Und falls es keine Eltern gäbe, die den Schulbesuch ablehnen [die Mengen (EK3) und (EK4)], bedürfte es gar keiner Schulpflicht.[156] Die Existenz der Schulpflicht beweist, dass Widerstand gegen sie lebendig bleibt.

[§13] Eltern, die mit dem von der Staatsgewalt ausgehenden Zwang zum Schulbesuch nicht einverstanden sind, können

- (E1) »lax« bei der Aufsicht sein, dass sie die Schule regelmäßig besuchen [Duldung von (K4)],
- (E2) bei Konflikten (K1, K2, K3) zwischen ihren Kindern und deren Lehrern die Partei ihrer Kinder ergreifen (im Jargon der Schule sind E1 und E2 »unkooperativ«),
- (E3) dorthin auswandern, wo Schulpflicht nicht so strikt durchgesetzt wird,
- (E4) auf in den Kampf ziehen: illegales Homeschooling betreiben und es auf den Machtkampf mit den Behörden ankommen lassen; politisch für eine Abschaffung der Schulpflicht oder für die Zulassung des Homeschoolings agitieren; gegen die Schulpflicht klagen[157] oder
- (E5) die Schulpflicht schließlich doch akzeptieren.

[§14] Kinder können

- (K1) den Unterricht sabotieren (»stören«),
- (K2) Lehrern gegenüber ein herausforderndes Verhalten an den Tag legen,
- (K3) in die Irrealitätsebene eines Tagtraums flüchten,[158]
- (K4) »blau machen«, die Schule zeitweilig oder dauerhaft »schwänzen«, oder
- (K5) sich unterwerfen und in ihr Schicksal fügen.

Weitere Reaktionsformen (E6) bis (EX) bzw. (K6) bis (KX) treten im Rahmen des Berechtigungswesens auf.

## Schulpflicht: Durchsetzung

**[§15]** Die Staatsgewalt setzt den Eltern gegenüber die Schulpflicht mit Androhung von Geld- und Haftstrafen, Kindesentzug oder Psychiatrisierung durch; den Kindern gegenüber mit polizeilichem Zugriff. Manche Staaten haben eine auf die Jagd nach Schulschwänzern spezialisierte Polizei, so zum Beispiel Israel und die USA. Genaue Zahlen über das Ausmaß der Repression liegen freilich meist nicht vor. In der Bundesrepublik etwa wird die Zahl der für Vergehen gegen die Schulpflicht in Arrest gehaltenen Jugendlichen nicht nur nicht veröffentlicht, vielmehr gar nicht erst erhoben. Oder: Die Frage, welche Eltern zur Umgehung der Schulpflicht das Land verlassen, lässt sich naturgemäß kaum ermitteln, da Eltern ihre Intention zum Auswandern in den seltensten Fällen offiziell bekannt geben. Anfang der 2010er Jahre triggerte eine deutsche Familie ein gewisses, in Deutschland weitgehend negatives Presseecho, die in den USA um politisches Asyl bat, weil sie ihre Kinder aus religiösen Gründen nicht zur Schule schicken wollte. Sie erhielt zwar kein Asyl, aber Bleiberecht, da das zuständige Gericht in der bundesdeutschen Handhabung der Schulpflicht eine Grundrechtsverletzung erkannte.

**[§16]** Die Durchsetzung der Schulpflicht ist in allen Staaten wie bei jeder anderen Durchsetzung von Normen eng mit der Ökonomie der Machtrationalität verbunden, das heißt, sie ist niemals vollständig und bedingungslos. Historisch hat die Staatsgewalt auf die Durchsetzung der Schulpflicht meist dann verzichtet, wenn sie im Widerspruch zu den Notwendigkeiten der häuslichen Reproduktion stand, etwa bezogen auf die bäuerliche Ökonomie. Dagegen ist die Durchsetzung bezogen auf kulturelle oder auf religiöse Minderheiten und Abweichler oft besonders rigoros.

**[§17]** Nicht rigoros ist die Durchsetzung der Schulpflicht in der Regel gegenüber Familien, die in ihren Communities ein besonderes Ansehen genießen und in keinem Widerspruch zur von der Staatsgewalt gewollten »Leitkultur« stehen. Ebenso wird die Durchsetzung der Schulpflicht vielfach vernachlässigt bei Schülern, die als besonders halsstarrig gelten. Manchmal gibt es auf sie zugeschneiderte Programme, oft aber werden sie einfach abgeschrieben.

**[§18]** Die Repressionsdrohung der Staatsgewalt, mit Strafgeld, Erzwingungshaft, Kindesentzug, Jugendarrest oder Psychiatrisierung die Schulpflicht durchzusetzen, richtet sich zwar gegen eine nur ungenau zu beziffernde, jedenfalls aber relativ kleine Gruppe. – Dies stimmt mit Foucaults Theorie überein, dass die Staatsgewalt zur Demonstration ihrer Macht einer ständigen, allerdings marginalen Schicht bedarf, an welcher die Normalbürger ablesen können, wie ernst es wird, wenn sie aufmucken.[159]

## Schulpflicht: Schüler, Mitschüler und Lehrer

**[§19]** Wirkt die Tatsache, dass Schüler am Unterricht teilnehmen müssen, welche das gar nicht wollen, sich aus auf den Unterricht und auf die Lehrer? Diese Frage klingt, so gestellt, geradezu grotesk. Niemand würde argumentieren, dass diese Tatsache keine Auswirkung haben könnte. Dennoch ist sowohl die erziehungswissenschaftliche als auch die politische Diskussion von der stillschweigenden Voraussetzung abhängig, dass es eine solche Auswirkung nicht gäbe.

**[§20]** Schüler, die sich fügen (K5), werden am wenigsten auffallen. Allerdings ist es wahrscheinlich, dass sie in ihren Leistungen weit hinter den Möglichkeiten zurück bleiben. Lewin weist ausdrücklich darauf hin, dass eine durch Strafe

(oder Belohnung) erreichte Handlung mit geringerer Ziel-
genauigkeit als bei Interesse an der Sache durchgeführt
werde.[160] Insofern kann man den Zwang zum Schulbesuch
für die zwangsweise anwesenden Schüler als eine Energie-
und Zeitverschwendung bezeichnen. Für den Lehrer sind
diese Schüler zwar nicht lästig, allerdings, da sie kaum
Interesse zeigen, auch wenig motivierend. Ähnlich sieht
es bei den tagträumenden Schülern (K3) aus. Topologisch
betrachtet hat der Klassenraum eine Tür, die virtuell oder
manchmal auch real von einem Wächter (Polizisten) be-
wacht wird und keinen Ausweg bietet, aber eben auch ein
Fenster, zu dem das Kind hinaus schauen und seinen Geist
dem Blick folgen lassen kann. Es ist physisch anwesend,
geistig aber abwesend. Außer sozialarbeiterisch engagierte
Lehrer tangiert ein schlicht fernbleibender Schüler (K4) die
Mitschüler und die Lehrer am geringsten. Die Reaktionsformen K3 (Tagträumen), K4 (Schwänzen) und K5 (Unterwerfung) schaden vor allem dem Schüler selber; dies gewinnt im Zusammenhang der Wirkung des Berechtigungswesens an Deutlichkeit.

[§21] Die Formen von Reaktionen K1 (Unterrichtsstörung)
und K2 (Lehrermobbing) schaden dagegen nicht nur dem
Schüler selber, sondern auch dem Lehrer und ebenfalls den
Mitschülern, sofern sie Interesse an einem guten Unterricht haben. Diese beiden Reaktionsformen machen die
täglichen Disziplinprobleme in der Schule aus, die niemals
dort auftreten können, wo der Besuch des Unterrichts frei-
willig erfolgt. Nicht bloß ist bei freiwilligem Unterrichts-
besuch das Ausgangsinteresse der teilnehmenden Schüler
positiv, ein Schüler, der dennoch stört, kann darüber hinaus problemlos durch den Lehrer oder auf Bitten der Mitschüler ausgeschlossen werden.[161] Negative Auswirkungen
herausfordernder und störender Schüler auf lernbegierige

Mitschüler thematisiert die Erziehungswissenschaft meist nicht, obwohl – oder gerad weil – diese ganz klar auf den Anwesenheitszwang zurückzuführen sind. In der Alltagskritik an der Schule ist das Thema bei denjenigen Eltern präsent, für die der Erwerb des Zertifikats der jeweiligen Berechtigung im Vordergrund steht. Die Problematik der Disziplinlosigkeit wird allerdings rituell auf die Unfähigkeit des Lehrers bzw. seine schlechte Ausbildung zurückgeführt, nicht auf die Staatsgewalt. Aber es ist eindeutig, dass die Schulpflicht nicht nur ein Zwang gegenüber dem Schüler bedeutet, der »keinen Bock auf Schule« hat, vielmehr auch gegenüber den Mitschülern und den Lehrern, die gleichermaßen der Störung sowie der negativen Lernatmosphäre ausgeliefert sind.

## Berechtigungswesen

[§22] Misserfolg oder Erfolg in der Grundschule reguliert den Besuch der weiterführenden Schule. Ohne Hauptschulabschluss eröffnet sich kaum noch die Möglichkeit, eine Lehre zu absolvieren. Das Abitur ist Eintrittszertifikat für die Hochschule, wird inzwischen freilich auch schon bei einer Vielzahl von Lehrberufen vorausgesetzt. Die Abiturnote definiert via Numerus Clausus, welche Studienfächer offen stehen. Universitätsabschlüsse sind für etliche begehrte Berufe aufgrund staatlicher Verordnung erforderlich. Das Berechtigungswesen wirkt schulbesuchsfördernd zusätzlich zur und unabhängig von der Schulpflicht.
[§23] Das Berechtigungswesen fällt unter jene durch Kurt Lewin formulierte formale Kategorie des »Gebots mit Belohnung«.[162] Die Erteilung einer Berechtigung ist der Lohn für das fügsame Verhalten.
[§24] Mittels der Funktion, Berechtigungen verleihen zu können, sind Institutionen, welche durch die Staatsgewalt

lizensiert sind, die Zertifikate auszuhändigen, mit einem Monopolschutz versehen: Wer die Berechtigung anstrebt, einen mit staatlicher Zugangsbarriere versehenen Ausbildungsweg einzuschlagen oder Beruf zu ergreifen, muss sich an eine derart privilegierte Institution halten. Damit haben solche Institutionen denen gegenüber, welche eine Berechtigung anstreben, ein durchschlagendes Mittel der Disziplinierung in der Hand: Wer sich nicht verhält, wie es die Institution verlangt, kriegt kein Zertifikat. So lassen sich zwar die Reaktionsformen K1 (den Unterricht stören), K2 (Lehrern gegenüber ein herausforderndes Verhalten an den Tag legen), K3 (Tagträumen) und K4 (Unterricht schwänzen) nicht vollständig vereiteln, aber doch für viele Schüler, die die Berechtigung erreichen wollen *und können*, in Grenzen halten. Der Zusatz »... und können« ist überaus wichtig: Diejenigen, die zum Zur-Schule-Gehen gezwungen sind, aber kalkulieren, dass sie es sowieso nicht »schaffen«, werden um so aufsässiger. Dies nenne ich die »Goodman-Hypothese«.[163]

**[§25]** Allerdings ergeben sich aufgrund des Berechtigungswesens für die Kinder (und Jugendlichen, ggf. auch Erwachsenen) noch zwei zusätzliche Reaktionsformen mit unerwünschten Nebenwirkungen, nämlich erstens:

- (K6) Betrug. Da das Interesse der Unterrichtsteilnahme nicht darin besteht, die Sache zu lernen, sondern die Note zu erhalten, ist es für den Schüler einerlei, ob er die Sache gelernt oder die Note auf andere Art ergattert hat. Betrug ist die Umgehungstendenz, die Lewin für die psychologische Situation bei Belohnung ansetzt.[164]

**[§26]** Sofern die Maßgabe der Institution lautet, nicht allen gleichermaßen die Berechtigung zu erteilen, kommt durch das Berechtigungswesen neben dem Betrug zweitens noch ein Element in den Unterricht hinein, die

◨(K7) Konkurrenz zwischen den Schülern: Ich selber will die Berechtigung erlangen (wie auch immer), dem Mitschüler soll sie hingegen versagt bleiben. Die Mitschüler hassen« den Schüler, der ihnen nicht »vorsagt« und sie nicht »abschreiben« lässt. Konkurrenz im Zusammenspiel mit dem Berechtigungswesen ist kein fairer Wettkampf, sondern das Bestreben, die eigene Position auf Kosten der Anderen zu verbessern.

**[§27]** Die Maßgabe der Institution *muss* lauten, nicht allen gleichermaßen die Berechtigung zu erteilen, denn es ist der Sinn des Berechtigungswesens, den Zugang zu Bildungswegen und zu Berufen nach der Festsetzung der »gesamtgesellschaftlichen« Planwirtschaft zu regeln. Oder anders gesagt: Wenn aufgrund der Abnutzung einer Berechtigung wie etwa des Hauptschulabschlusses eine diskriminierende selektive Wirkung des entsprechenden Zertifikates nicht mehr gegeben ist, wird eine nächsthöhere Berechtigung hinterher geschaltet. So auch beim Abitur: Als bezogen auf die gesellschaftliche Planwirtschaft »zu viele« Menschen das Abitur schafften, wurde am 27. März 1968 in der BRD der Numerus Clausus eingeführt, um den Zugang zu Ausbildungswegen wie dem Ärzteberuf nach Vorstellungen der Planer regulieren zu können.[165]

**[§28]** Das Berechtigungswesen zieht zwei weitere, die Atmosphäre zwischen Schülern und Lehrern sowie in der Klasse (bzw. dem Kurs) belastende Reaktionsformen nach sich:

◨(K8) Das Einschmeicheln. Der Schüler kann versuchen, durch Erweckung von Sympathie oder von Mitleid beim Lehrer diesen so zu stimmen, dass er ihn wohlwollender beurteilt. Es sind das die »Schleimer« und die »Streber«, Gegenstand des Spotts durch die Mitschüler. Dies ist ein tabuisiertes Thema, denn es wird davon ausgegangen, dass Lehrer alle Versuche des Einschmeichelns erstens treffsicher diagnostizieren und zweitens ihnen niemals erliegen. Beides unrealistische Annahmen.

■ (K9) Beschwerde; meist gegen »Ungerechtigkeit« (in der Beurteilung). Sie mag bei dem Lehrer selber vorgebracht oder bei dessen Vorgesetzten (etwa dem Direktor der Schule) eingereicht werden. Über »Ungerechtigkeit« zu klagen, gibt sich formal, als ziele man auf Gleichheit ab. Fast immer jedoch geht es darum, bei der Erlangung einer Berechtigung selber besser abzuschneiden. Die Beschwerde hat um so größere Erfolgsaussicht, je mehr sie nachweist, dass der Lehrer gegen eine institutionelle Norm verstoßen habe. Insofern ist die Beschwerde ein Disziplinierungsmittel den Lehrern gegenüber und zwar in die Richtung, nur ja keine Normen zu missachten. Gefällige Notengebung und unbekümmertes Behandeln des vorgeschriebenen Stoffs durch den Lehrer führen schnell dazu, dass Schüler die Schwachstelle ausnutzen und gegen den Lehrer richten. Eigenmächtigkeiten (in Relation zu den Vorgaben der Staatsgewalt) der Lehrer lösen bei Schülern, Eltern und in der Öffentlichkeit darüber hinaus das Gefühl aus, die verliehene Berechtigung sei kaum noch etwas wert oder diene ihrem Zweck nicht.

[§29] Und schließlich kann der Schüler erstreben, mit einem ■ (KX) Wechsel der Fächer, Lehrer oder der Schule seine Lage im Kampf um die Berechtigung zu verbessern. Die Wahl eines Lehrers ist in Deutschland fast unmöglich und nur in Ausnahmen führt ein solcher Versuch zum Erfolg. Bezogen auf die Wahl der Fächer/Kurse kommt es bei den Schülern vielfach zu einer Spannung zwischen den Kriterien des Interesses an der Sache, Leichtigkeit der Erlangung der Berechtigung (wenn das Fach, dem das Interesse gilt, »schwierig« ist), sowie Sympathie bzw. Antipathie für den Lehrer, der das Fach vertritt.[166]

**[§30]** Betrug (K6) und Konkurrenz (K7) prägen das Verhältnis der Schüler untereinander und zum Lehrer; K6 mehr
das Verhältnis zum Lehrer, K7 mehr das Verhältnis der
Schüler untereinander. K8 (Einschmeicheln) und K9 (Be-
schweren) belasten das Verhältnis zum Lehrer.

**[§31]** Auch bei den Eltern ergeben sich Strategien in der An-
strengung, für ihre Kinder eine diesen als angemessen er-
scheinende Berechtigung eventuell auch gegen das Votum
des Lehrers zu ergattern:

■ (E6) Die Eltern können beim Betrug behilflich sein oder
ihm Vorschub leisten.

■ (E7) Das bildungspolitische Engagement der Eltern wird
oft auf Optimierung der Erlangung von Berechtigungen
gerichtet. Die Rede, nicht »jeder« müsse Abitur machen,
heißt: Meine Kinder sollen das Abitur machen, der Staat
möge sie aber vor Konkurrenten bewahren.

■ (E8) Wie die Schüler haben auch Eltern eine Tendenz,
sich bei den Lehrern einzuschmeicheln, wenn der Eindruck herrscht, der Lehrer würde das betreffende Kind
zu streng beurteilen, sei aber für emotionale Bestechung
empfänglich.

■ (E9) Die Form der Beschwerde, die bei den Schülern eine
untergeordnete Rolle spielt, weil sie meist noch nicht
ernst genommen werden und noch nicht rechtsfähig
sind, nimmt unter Eltern mitunter überhand. Mitunter
werden Lehrer mit Beschwerden überhäuft, die Eltern
wenden sich an den Schulleiter oder gehen gerichtlich
gegen den Lehrer bzw. gegen die Schule vor.

■ (EX) Je nach Alter des Kindes sind es vor allem Eltern,
die einen Klassen- oder einen Schulwechsel betreiben;
ein Grund mag der sein, dass die Eltern vermuten, ihr
Kind könne in einer anderen Klasse (in einem anderen
Kurs) oder an einer anderen Schule besser reüssieren.

| Reaktionsformen bei Widerstand | | G1 Kampf | G2 Umgehung | G3 Sichfügen | B1 Kampf | B2 Umgehung | B3 Sichfügen | Selbst-schädigung | Fremd-schädigung |
|---|---|---|---|---|---|---|---|---|---|
| Schulpflicht | E1 (Dulden von K4) | – | x | – | – | x | – | – | – |
| | E2 (Dulden von K1, K2, K3) | x | – | – | – | – | x | – | x |
| | E3 (Auswandern) | – | – | – | – | x | – | – | – |
| | E4 (Verweigerung) | – | – | – | x | – | – | – | – |
| | E5 (Unterwerfung) | – | – | x | – | – | x | x | – |
| Berechtigung | E6 (Betrug) | – | x | – | – | x | – | – | x |
| | E7 (Konkurrenz) | – | – | x | – | – | x | – | x |
| | E8 (Einschmeicheln) | – | x | – | – | – | x | – | – |
| | E9 (Beschwerde) | x | – | – | – | – | x | ? | x |
| | EX (Schulwechsel) | – | x | – | – | – | x | – | – |
| Schulpflicht | K1 (Unterricht stören) | – | – | – | x | – | – | x | x |
| | K2 (Lehreranfeindung) | x | – | – | – | – | x | x | x |
| | K3 (Tagträumen) | – | x | – | – | – | x | x | – |
| | K4 (Schwänzen) | – | x | x | – | x | – | x | – |
| | K5 (Unterwerfung) | – | – | x | – | – | x | x | – |
| Berechtigung | K6 (Betrug) | – | x | – | – | x | – | – | x |
| | K7 (Konkurrenz) | – | – | x | – | x | – | – | x |
| | K8 (Einschmeicheln) | – | x | – | – | – | x | – | – |
| | K9 (Beschwerde) | x | – | – | – | – | x | ? | x |
| | KX (Schulwechsel) | – | x | – | – | – | x | – | – |

**[§32]** Die Institution Schule wirkt auf den Unterrichtsalltag, auf das Verhältnis zwischen Kindern und ihren Eltern sowie auf den Lebensweg der nachwachsenden Generation. Die zentralen Kennzeichen der Institution Schule, Schulpflicht (also *Inklusion* in Luhmann'scher Terminologie) und Berechtigungswesen (*Selektion* in Luhmann'scher Terminologie), führen zu dem Phänomen der Schulversager, zu gestörten Mitschülern und ebenfalls zu kranken Lehrern. Diese Wirkungen wären nicht durch Reformen der Schulorganisation, Inhalte oder Methoden zu beheben und auch nicht durch eine psychologische Betreuung der betroffenen Schüler und Lehrer, sondern nur durch eine Veränderung der Ausgangsbedingungen, also durch die Abschaffung von Schulpflicht und Berechtigungswesen.

**[§33]** Die analysierten Reaktionen und Wirkungen stellt die nebenstehende Tabelle schematisch dar.

**[§34]** Bei den Bezeichnungen auf der x-Achse steht G... für die Gegenkräfte, im vorliegenden Zusammenhang sind die Lehrer als direkte Kontrahenten der Kinder – und Eltern – gemeint, B... für die Barriere, im vorliegenden Zusammenhang bezeichnet dies den institutionellen Rahmen des Schulsystems mit Schulpflicht und Berechtigungswesen. Eine »Selbstschädigung« heißt bei den Eltern (E...) auch die Möglichkeit, dass ihr Verhalten sich nachteilig für ihre Kinder auswirkt, etwa wenn der von den Eltern kritisierte Lehrer dafür das Kind straft (was er zwar nicht tun sollte, dennoch aber zweifellos tun kann), in der Tabelle mit »?« angedeutet. »Fremdschädigung« bezieht sich entweder auf die Lehrer, auf die Mitschüler oder auf beide.

**[§35]** Bei den Bezeichnungen auf der y-Achse steht E... für die Eltern-, K... für die Kinder- (Schüler-) Reaktionen; sie sind weiter oben im Text beschrieben, hier als Kurzversion zur Erinnerung. E4 (Verweigerung) steht für Strategien von Eltern, in eine direkte Konfrontation mit der die Schulpflicht fordernden Staatsgewalt zu gehen: Sie greifen mit ihnen die Barriere an. Die Bandbreite der Möglichkeiten ist für die Eltern größer als für die Kinder (K4), die nur fernbleiben können.

**[§36]** Eine Reihe Reaktionen auf die Gegenkräfte schließen, wie die Tabelle zeigt, ein, dass die Gesamtsituation – die Schulpflicht resp. das Berechtigungswesen als Barriere – akzeptiert wird, so insbesondere das Einschmeicheln beim Lehrer (K8, E8), die Beschwerde (E9, K9) und der Schulwechsel (EX, KX): Diese Reaktionen fordern den konkreten Lehrer zwar heraus oder implizieren dessen persönliche Ablehnung, nicht aber des gesamten Systems. Im Gegenteil, die Beschwerde (E9, K9) zielt darauf ab, einen von den Normen abweichenden Lehrer zu disziplinieren. Selbst der Kampf gegen einen Lehrer (K2, E2) bedeutet, dass der von der Staatsgewalt ausgeübte Anwesenheitszwang seinem Prinzip nach unberührt bleibt.

**[§37]** Das Stören des Unterrichts (K1), das ja sehr verbreitet ist, bedarf einer speziellen Aufmerksamkeit. Es handelt sich beim Stören nicht um einen direkten Kampf gegen den Lehrer (K2), vielmehr um den Versuch des Kindes, die Situation in dem Raum, in welchem es eingeschlossen ist, zu verändern und zwar von einer Unterrichts- und Lehrveranstaltung hin zu Freizeit und Spiel. Mit dem Stören kämpft das Kind allein oder im Verbund mit den Klassenkameraden gegen die Barriere, die zur Teilnahme zwingt, und wandelt den Binnenraum, in dem es sich aufhalten muss, derart, dass er sich dem erstreben Außenraum weitgehend annähert: Das Kind beschäftigt sich mit dem, was es momentan mehr interessiert als der Unterricht; Kinder tauschen sich aus (»quatschen«), spielen und so weiter. Zu »Störungen« kommt es vor allem bei schwachen, zum Teil gar bei beliebten Lehrern, während unbeliebte, allerdings strenge Lehrer verschont bleiben.

**[§38]** Die Reaktionen K1 (Stören), K2 (Kampf gegen den Lehrer), K3 (Tagträumen) und K4 (Schwänzen) richten sich vor allem gegen die Anwesenheitspflicht; sie diszipliniert das Berechtigungswesen mit der Funktion der Schule als Chancenzuteilerin. K6 und E6 (Betrug), K7 und E7 (Konkurrenz), K8 und E8 (Einschmeicheln), E9 und K9 (Beschwerde), schließlich EX und KX (Schulwechsel) zielen hingegen unmittelbar auf das Berechtigungswesen, um mit geringerer Leistung an das erstrebte Zertifikat zu gelangen.

## Paradox der Veränderung: Die Schule überleben

**[§39]** Eine Veränderung der Ausgangsbedingungen liegt nicht im Bereich der unmittelbaren Handlungsmöglichkeit der betroffenen Schüler, Lehrer und Eltern. Was ist dennoch möglich? Die Gestalttherapie kennt das »Paradox der Veränderung«: Erst wenn man akzeptiert, was ist, kann sich etwas verändern.

**[§40]** Sobald ein »idealistischer« oder »engagierter« junger Lehrer auf die Unterrichtsrealität stößt, spricht man in der Erziehungswissenschaft verschleiernd von »Praxisschock«, als seien die Probleme der Praxis an sich geschuldet, nicht den genau zu benennenden Bedingungen der Institution Schule. Die zahlenbegeisterte Mathematikstudentin, die sich vorstellt, dass sie den Kindern dabei hilft, den Stoff zu verstehen, merkt im Referendariat recht schnell, dass viele Schüler gelangweilt – weil an Mathe desinteressiert – sind, wollen, dass die Stunde schnell vorüber geht, sie wenig Hausaufgaben aufkriegen und ansonsten in Ruhe gelassen werden. Der für Probleme der Migrantenfamilien sensible Lehrer sieht sich konfrontiert mit zornigen Mitschülern und deren Eltern, die nicht einsehen, weshalb die Fehler der Einen stärker ins Gewicht fallen als diejenigen der Anderen, und dann verarschen ihn die von ihm Begünstigten noch; schließlich verdonnert ihn die Schulleitung, Noten nach objektivierbaren Leistungen zu vergeben. Die Grundschullehrerin möchte nichts anderes, als dass alle mit einbezogen sind, ganz besonders die beiden armen Kinder der Jehovas Zeugen, bis die Eltern wutentbrannt aufkreuzen und sie zur Rede stellen, warum ihre Kinder gezwungen werden, Götzenbilder zu basteln. Ein gestaltpädagogisch angehauchter Lehrer sagt mir, die Zensurengebung sei eine »Beziehungsarbeit« (mir wird kotzübel), bis er feststellt, dass ein Paar große runde braune Augen ihn anstrahlt, genau weil es zu wissen meint, dass es dann leichter an eine gute Note kommt.

[§41] Der »Praxisschock« macht zynisch oder krank, es sei denn, der Lehrer akzeptiert zunächst einmal, dass er für eine Reihe von Kindern und eine Reihe von Eltern in erster Linie nicht eine Person ist, sondern Repräsentant der Staatsgewalt. Dass er für alle Schüler vor allem die Instanz ist, die über ihre Lebenschancen (Jürgen Markowitz nennt es »Geschicke«) mitentscheidet.

[§42] Ohne die Fähigkeit zum Perspektivwechsel kann der Lehrer bloß Schiffbruch erleiden. Falls er nicht erkennt, dass er den Schülern und den Eltern gegenüber ein Vollstrecker der Staatsgewalt und der Türwächter der Lebenschancen ist, wird er das Verhalten sowohl seiner Schüler wie auch deren Eltern ihm gegenüber als irrational, dumm, lästig und aufdringlich empfinden. Erst die Anerkennung der institutionell definierten Rollen eröffnet die Möglichkeiten, welche sich jenseits von ihnen auftun. Wenn Lewin sagt, Verhalten sei Funktion von Person und Umgebung, so meint er es genau in dieser Weise: Die Umgebung darf zwar nicht vernachlässigt oder ganz ausgeklammert werden, bestimmt allerdings nicht vollständig das Verhalten. Eine Begegnung jenseits der sozialen Rollen ist möglich und sie findet tagtäglich statt, andernfalls wäre die Schule überhaupt nicht zu ertragen.

[§43] Gestaltpädagogik in meinem Verständnis hat dieser Situation ins Auge zu sehen: Auf der einen Seite darf sie die Kritik an der Institution Schule nicht vernachlässigen oder ganz unter den Tisch fallen zu lassen, auf der anderen Seite sollte sie die Ausschöpfung der Freiräume anregen, die sich trotz des Charakters der Institution auftun. Bloße Augenwischerei wäre allerdings ein Versprechen derart, durch die Stärkung der Beziehungsfähigkeit und die Förderung der Kontaktstärke der Lehrerpersönlichkeit oder durch die Einführung von kreativen Methoden und Entspannungstechniken die Problematik der Schule zu »heilen«. Solch ein Versprechen mündet unweigerlich in Enttäuschung und in die fortwährende, eitle Suche nach einem neuen Heilsbringer. Diese Wellen von Heilsbringern schlagen über die Schüler und Lehrer zusammen wie die der Pandemie.

[§44] Zu den schlimmsten und nachhaltigsten Erlebnissen der Schulzeit gehören Demütigung und Bloßstellung durch Lehrer und, teils im Verbund mit ihnen, durch Mitschüler. Einen Schüler zu demütigen und bloßzustellen, ist selten eine vollständig bewusste Entscheidung des Lehrers, entspringt vielmehr meist einem uneingestandenen Ressentiment. Das Ressentiment kann der Schüler selber ausgelöst haben, indem er nicht so auf die Bemühung seines Lehrers reagiert, wie dieser es sich wünscht; es kann aber vor allem aus Frustrationen in anderen Bereichen stammen – Ärger mit den übrigen Schülern, mit Kollegen, mit dem Direktor

– und sich gegen einen Schüler richten, der sich wenig zu wehren versteht und dessen Eltern ihn nicht schützen. Ein wichtiges Hilfsmittel, sich gegen die Herausbildung von Ressentiment zu wappnen, besteht darin, dass der Lehrer von dem knechtenden und unmöglich zu erreichenden Ideal Abschied nimmt, für alle Kinder gleichermaßen die optimale Hilfe zu sein. Wenn er sich ein- und zugesteht, dass weder ihm alle Kinder »liegen«, noch alle Kinder ihn anhimmeln, kann er denen, für die er eine Hilfe darstellt, das geben, was er zu geben hat, und für die übrigen Kinder versuchen, so wenig wie möglich schädlich zu sein. In Ruhe lassen ist allemal besser als drangsalieren. Nur der Lehrer, der gut für sich sorgt, vermag zu den Kindern gut zu sein. Das Ziel sollte dort gesucht werden, das Augenmerk auf solche Lösungen zu legen, welche für alle lebensfähig sind, statt auf Disziplinierung und Strafe. Aber auch bei diesem Ziel bleibt es notwendig, sich ein- und zuzugestehen, dass es sich nicht immer erreichen lässt: Manchmal weiß man sich keinen anderen Rat, als auf Disziplinierung und Strafe zurückzugreifen.[167]

**[§45]** Demütigung und Bloßstellung erfahren nicht nur die Schüler, sondern auch die Lehrer; sie können ausgehen von Schülern oder von deren Eltern, von Kollegen oder von Vorgesetzten. Hinsichtlich Drangsalierung durch Schüler wird das Problem gern auf individuelle Defizite bei der Fähigkeit reduziert, für Disziplin »zu sorgen«. Darüber zu sprechen, ist hochgradig tabuisiert, wird in der Regel von den Vorgesetzten, den Kollegen, den Eltern und von der Öffentlichkeit als »Schwäche« und »Versagen« des Lehrers ausgelegt: dient zu weiterer Demütigung und Bloßstellung. Der Wunsch des so als einsamer Wolf kämpfenden Lehrers, dass alle Kollegen »solidarisch« zusammenstehen mögen, womöglich mit Unterstützung der Schulleitung, ist seinerseits ein unerreichbarer Tagtraum, der wenig zur Lösung beiträgt und bloß kurzfristig entlastet. Solche »Solidarität« ist nicht nur kaum zu erreichen, sondern wäre, wenn sie erreicht werden könnte, auch höchst problematisch, weil sie sich stets aus Ressentiment speist.

[§46] Sinnvoll ist es dagegen, mit gleichgesinnten Kollegen und womöglich mit supervisorischer und therapeutischer Unterstützung sichere Räume der Reflexion zu schaffen, in denen die Angst herabgesetzt ist, im gegenseitigen Austausch nach kreativen Lösungen zu suchen, Lösungen mit einem doppelten Gesicht: Selbstsorge sicherzustellen und den Schülern unter den gegebenen Bedingungen so weit wie möglich gerecht zu werden.

# Staatstheorie

Skulptur einer Frau aus dem herrschaftsfreien Stamm der Semai im New York Museum of Natural History

Foto vom 16. 7. 2006 gemeinfrei via wikimedia File:Semai_newyork.jpg

**Also sprach Zarathustra...** »Irgendwo gibt es noch Völker und Herden, doch nicht bei uns, meine Brüder: da gibt es Staaten. Staat? Was ist das? Wohlan! Jetzt tut mir die Ohren auf, denn jetzt sage ich euch mein Wort vom Tod der Völker. Staat heißt das kälteste aller kalten Ungeheuer. Kalt lügt es auch; und diese Lüge kriecht aus seinem Munde: ›Ich, der Staat, bin das Volk.‹ Lüge ist's! Schaffende waren es, die schufen die Völker und hängten einen Glauben und eine Liebe über sie hin: also dienten sie dem Leben. Vernichter sind es, die stellen Fallen für viele und heißen sie Staat: sie hängen ein Schwert und hundert Begierden über sie ihn. Wo es noch Volk gibt, da versteht es den Staat nicht und hasst ihn als bösen Blick und Sünde an Sitten und Rechten. Dieses Zeichen gebe ich euch: jedes Volk spricht seine Zunge des Guten und Bösen: die versteht der Nachbar nicht. Seine Sprache erfand es sich in Sitten und Rechten. Aber der Staat lügt in allen Zungen des Guten und Bösen; und was er auch redet, er lügt – und was er auch hat, gestohlen hat er's. Falsch ist alles an ihm; mit gestohlenen Zähnen beißt er, der Bissige. Falsch sind selbst seine Eingeweide. [...] Dort, wo der Staat aufhört, da beginnt erst der Mensch.«
— *Friedrich Nietzsche*, 1883

**[§01]** Die folgende Skizze einer allgemeinen Theorie der Entstehung und Dynamik des Staats ist die Zusammenfassung meiner über fünfzigjährigen Beschäftigung mit libertärer Staatstheorie. Am Ende der Skizze führe ich die Schriften von mir auf, in denen einzelne Stränge und Aspekte sich vertieft finden. Der Übersichtlichkeit halber verzichte ich in dieser Skizze auf ausführliche Diskussion historischer Beispiele und auf Quellen zur Ethnologie, Geschichte und Theorie, welche ich heranziehe. Entsprechend kennzeichne ich auch nicht diejenigen Erkenntnisse, die ich von anderen Autoren übernehme, und diejenigen, für die ich Originalität reklamiere. Die skizzierte allgemeine Theorie beansprucht, für jede menschliche Gesellschaft sowie jede menschliche Geschichte zu gelten.

## Eroberung: Ursprung aller Herrschaft

[§02] Die frühesten Herrschaftsformen – man mag sie bereits »Staat« nennen oder noch nicht (siehe §§ 15 ff) – entstehen aus Eroberung. Diese kann extern (§§ 03-07) oder intern (§§ 08-09) erfolgen.

[§03] Eine **externe** Eroberung erfolgt, wenn ein Volk (ein Stamm, eine Ethnie; oder ganz allgemein: eine Gruppe) ein anderes Volk (eine andere Gruppe) erstens besiegt und zweitens nicht nur einmalig ausplündert, sondern dauerhaft unterwirft. Tendenziell unterwerfen Nomadenvölker Bauern. Jedoch unterwerfen auch Bauern andere Bauern. Zwischen Nomadenvölkern hingegen gelingt das fast nie, denn bei Konflikten weicht die besiegte Gruppe räumlich aus. Wenn Ausweichen nicht möglich ist (»geografischer Einschluss«), droht am Ende eines unversöhnlichen Konflikts in aller Regel die Aufreibung des Verlierers. Nichtherrschaftliche Nomadenvölker eignen sich zudem kaum als Sklaven, weil sie in der Situation der Einbuße ihrer Freiheit eher sterben als Gehorsamkeit zu üben, sodass Bauern es schlecht vermögen, geschlagene Nomadenvölker zu unfreiwilliger Arbeit heranzuziehen. Bauern lassen deswegen sich beugen, weil sie weniger bereit und fähig als Nomaden sind, ihr angestammtes Siedlungsgebiet zu verlassen (das ist ökonomische Sesshaftigkeit).

**[§04]** Aus der externen Eroberung (Unterwerfung) folgen entweder Sklaverei oder Tributpflicht. Kennzeichen der Sklaverei sind abhängiges Arbeiten und das Fehlen persönlicher (außer vom Besitzer zugestandener) Freiheiten; Sklaven sind rechtlos und der Willkürbehandlung durch die Besitzer ausgeliefert. Tributpflicht bedeutet: Das Volk bleibt weitgehend intakt, arbeitet selbstorganisiert und selbstbestimmt in seiner hergebrachten Weise an seinem angestammten Ort; intern genießt es weitgehende Rechtsautonomie. Es muss aber einen mehr oder minder großen Teil des Arbeitsprodukts an die Eroberer aushändigen.

**[§05]** Bei der Tributpflicht bezieht der Eingriff der Eroberer sich zunächst nur auf die Regelmäßigkeit der Zahlung des Tributs; im weiteren geschichtlichen Fortgang allerdings kann es auch dazu kommen, dass der Sieger sein Rechtssystem den Besiegten aufoktroyiert.

**[§06]** Bei Sklaverei findet sogar in ansonsten bereits stark verrechtlichten Gesellschaften selten eine kodifizierte Begrenzung der Willkür statt (zur Verrechtlichung siehe unten, §19.1); die einzig effektive Begrenzung ist ökonomischer Natur, denn ein gepeinigter Sklave arbeitet voraussichtlich weniger leistungsfähig und leistungswillig. Später entstehen Mischformen aus Sklaverei und Tributpflicht, etwa Leibeigenschaft, Knechtschaft oder zeitlich begrenzte Dienstverpflichtung (wie Arbeit auf der Domäne des Herrn oder Wehrdienst für den Staat).

**[§07]** Besitzsklaverei muss man unterscheiden von Schuldsklaverei (oder Schuldknechtschaft) sowie von aus Kriegsgefangenschaft folgender Sklaverei. Die Schuldsklaverei ist eine Form, in der jemand ein persönliches Verschulden (oder bei Sippenhaft: das Verschulden eines Mitglieds der Sippe) durch Arbeitsleistung abgelten muss. Selbst wenn der Umfang der Schuld so groß ist, dass die Arbeitsleistung sie nie gänzlich tilgen kann, wird der Status als Sklave zunächst nicht vererbt. Bei einer Versklavung von Kriegsgefangenen werden diese in den frühen Gesellschaften vielfach noch zu Lebzeiten völlig in den Stamm integriert. Die Integration erfolgt freilich meist so, dass wehrfähige Männer (manchmal auch die männlichen Kinder) gleich nach dem Sieg getötet (und nicht versklavt), die Frauen hingegen geraubt und zwangsweise eingegliedert werden. Bereits in der zweiten Generation ist oft kein Unterschied mehr zu erkennen.

[§08] Eine **interne** Eroberung kann (muss nicht) erfolgen, wenn die angegriffene Gruppe sich zu wehren versteht (häufig bewahrt die herrschaftslose Gesellschaft, die einem Angriff standhielt, ihren Status der Herrschaftslosigkeit). Vor allem, wenn Angriffe zahlreich – oder jedenfalls regelmäßig wiederkehrend – stattfinden, liegt es für Bedrohte nahe, spezialisierte Krieger auszubilden und ganzjährig zu ernähren, die die Verteidigung übernehmen. Wie stark der anti-herrschaftliche Impuls der ursprünglichen Gesellschaft wirkt, lässt sich daran ersehen, dass als Führer der Krieger vielfach ein Fremder berufen wird, der als Fremder eben keinen Anteil an der verwandtschaftlichen Solidarität hat (die verwandtschaftliche Solidarität lässt Herrschaft nicht zu). Die Berufung eines fremden Führers zur Leitung der Verteidigung setzt allerdings voraus, dass im Einzugsbereich der Konfliktparteien bereits Gesellschaften mit Herrschaft existieren, aus denen Reihen ein geeigneter fremder Führer zu rekrutieren ist.

[§09] Aus der internen Eroberung gehen Frühformen des Feudalismus hervor. Der Feudalismus trägt noch lange bestimmte Züge der Freiwilligkeit und behält idealtypisch die Form des Vertrags mit denen bei, die durch ihre Abgaben die Krieger (z. B. Ritter) bezahlen, um sich zu schützen.

**[§10]** Was wird erobert? Der Begriff der Eroberung als Kennzeichen der Entstehung von Herrschaft setzt voraus, dass Etwas erobert werden kann. Dies Etwas ist im weitesten Sinne Gesellschaft (in konkreter Form je nach bevorzugter Begrifflichkeit ein spezielles Volk, ein spezieller Stamm, eine spezielle Ethnie). Paradoxerweise kennzeichnet Widerstand die Gesellschaft, noch bevor Herrschaft entsteht. Widerstand ist das primäre gesellschaftliche Verhalten von Menschen. Wobei Vorformen des Widerstands gegen das Alphatier bereits bei manchen Primaten zu beobachten sind. Die menschliche Ur-Anarchie und deren gesellschaftliche Institutionen (welche sich in ihren jeweiligen Formen kulturell stark unterscheiden) prägt der Widerstand gegen die Tendenz zur Herrschaftsentstehung, der über tausende von Jahren erfolgreich blieb.

**[§11]** Für menschliche Gesellschaften ist **Widerstand** gegen den Staat (gegen Herrschaft) primäre Strukturierung mit den Merkmalen:

1. Verwandtschaftliche Solidarität.
2. Freiwillige Gefolgschaft (in Pendelbewegungen zwischen Autorität und Sezession).
3. Eigentum.
4. Recht (Prinzip: Wiedergutmachung durch das Verfahren der Selbsthilfe ggf. mit Unterstützung der verwandtschaftlichen Solidarität oder mit Unterstützung von spezialisierten Richtern ohne herrschaftliche Funktion: Mediation, »salomonisches Urteil«).

**[§12]** Die Bedingungen für eine Herrschaftsentstehung (die Aufzählung erfolgt in der zeitlich notwendigen Reihung der Bedingungen) lauten:

1. Vorhandensein eines Überschusses an Produkten, der fremde Begehrlichkeiten weckt. Dieses Begehrte muss dabei kein materielles Produkt sein, sondern kann auch

Arbeits- (Sklaven) oder Reproduktionskraft (Frauen) betreffen. Allerdings führt der Raub von Sklaven oder von Frauen meist nicht zum Aufbau einer dauerhaften Herrschaftsbeziehung zum beraubten Volk, sondern erfolgt punktuell. Die das Verlangen nach Dauerhaftigkeit der Beraubung weckenden Produkte sind historisch gesehen bewegliche Güter des Lebensbedarfs (Nahrungsmittel) oder Luxusgüter (Kleidung, Gefäße, Schmuck).

2. Krieg im Sinne des Versuchs, fremde Arbeitsleistungen sich aneignen zu wollen (es gibt keine Beispiele friedlicher Entwicklung von Herrschaft aus der Ur-Anarchie heraus).

3. Geografischer Einschluss (keine Ausweichmöglichkeit) oder Sesshaftigkeit, d. h. Flucht bei Niederlage ist unmöglich oder deren Kosten werden von den Verlierern als zu hoch veranschlagt.

4. Keine komplette ökonomische – oder physische – Vernichtung der Unterlegenen. Die Sieger müssen wollen, sie auch in Zukunft ausbeuten zu können.

5. Die Bereitschaft (Fähigkeit) der Unterlegenen zum Gehorsam.

6. Die Fähigkeit der Sieger zur Maßhaltung (dauerhafter Verzicht auf ökonomisch zerstörerische Ausplünderung der Unterlegenen) und »machtrationalen« Organisation ihrer Herrschaft.

[§13] Abgrenzungen dieser Theorie der Herrschafts- bzw. Staatsentstehung von konkurrierenden Ansätzen:

1. Herrschaft erwächst nicht nahtlos (»natürlich«) aus dem tierischen Ursprung des Menschen, so als ob das Alphatier der Horde zum Staatsoberhaupt werde. Schon die nächsten Verwandten des Menschen unter den Primaten haben flache und schnell wechselnde Hierarchien. Sie kennen auch bereits Vorformen des Eigentumsrechts, so wenn das

Alphatier das, was ein rangniederes Tier erbeutet oder sammelt, als unantastbar respektiert. Allerdings ist hier eine Unterscheidung zwischen Herrschaft und Autorität bzw. Hierarchie notwendig: **Herrschaft** liegt dann vor, wenn Befehle mittels eines Erzwingungsstabs (»Polizei«) durchgesetzt werden können. Für die Fragestellung in dem Rahmen dieser Skizze nicht weiter relevant ist die Unterscheidung zwischen Hierarchie und Autorität: **Hierarchie** (oder Dominanz) ist eine formelle Struktur, **Autorität** erwächst aus sozial anerkannter Sachkompetenz. Die Unterscheidung gibt es bereits in Tierhorden, so wenn in einer besonders heiklen Situation das Tier mit der größten Erfahrung statt des Alphatiers die Leitung übernimmt. Auch entsteht aus dem tierischen Revierverhalten nicht das Staatsterritorium (siehe unten, § 14.1), sondern eher das Eigentum. Herrschaft ist kein Definitionsbestandteil der menschlichen Gesellschaft. Es gab menschliche Gesellschaften ohne Herrschaft (aber nicht ohne Hierarchie bzw. Dominanz und Autorität) und es kann sie geben.

2. Herrschaft entsteht nicht aus der ökonomischen Notwendigkeit der Arbeitsteilung heraus. Die arbeitsteilige Zusammenarbeit ist älter als die Herrschaftsentstehung und existiert außerhalb der Herrschaft. Beim Vergleich von Gesellschaften mit und ohne Herrschaft auf gleicher Entwicklungsstufe und im gleichen Kulturbereich schneiden Gesellschaften mit Herrschaft ökonomisch nicht besser ab als Gesellschaften ohne Herrschaft. Über Jahrhunderte, wenn nicht Jahrtausende befasste die Herrschaft sich gar nicht mit Fragen der Organisation der arbeitsteiligen Zusammenarbeit, sondern einzig und allein mit der eigenen Aufrechterhaltung und der Organisation der Eintreibung von Abgaben (Tribut, Zoll, Steuern). Nur bei der Sklavenarbeit war die Herrschaft an der Arbeitsorganisation über-

haupt beteiligt. Für Herrschaft besteht keine ökonomische oder »funktionale« Notwendigkeit.

3. Herrschaft ist auch keine unausweichliche Konsequenz des Eigentumsrechts derart, dass die Eigentümer zum Schutz ihres Eigentums gegen Zugriffe durch Eigentumslose eine Infrastruktur der Polizei aufbauen (eine These von Friedrich Engels, nicht von Karl Marx). Das Eigentum hat bereits im Anfang eine antiherrschaftliche Bedeutung: Es definiert, dass über die Person (bzw. die Familie) und über deren Produkte niemand Anderes verfügen darf. Damit ist die in der Eroberung implizierte Fremdbestimmung und der in ihr implizierte Raub ein Bruch des Eigentumsrechts. Bedeutung erhält das Eigentum mit der Sesshaftwerdung (also neolithische Revolution, Landwirtschaft). Zwischen neolithischer Revolution und Entstehung erster, zunächst kleinräumiger Herrschaftsbereiche liegen rund dreieinhalb tausend Jahre. Auch der Anspruch des Bauern auf das von ihm (seiner Familie) bearbeitete Land (Landeigentum) diente den Zweck der Aufrechterhaltung von Selbstbestimmung.

**[§14]** Unausweichlich begleitet die Entstehung von Herrschaft die ...

1. ... Herausbildung eines **Territorium**s. Dies Territorium ergibt sich nach Maßgabe der Reichweite, in welcher die Eroberer in der Lage sind, Gruppen von Personen (Familien, Stämme, Völker, Ethnien) zu unterwerfen. Sobald einzelne Personen oder vollständige Gruppen sich außerhalb dieser Reichweite befinden, endet die faktische Möglichkeit der Herrschenden, über sie zu verfügen. Innerhalb dieser Reichweite werden die Herrschenden alles daran setzen, um Konkurrenten auszuschalten (diese Konkurrenten werden je nach Lage als Verbrecher- und Räuberbande, Banditen, Gang, Mafia, Wegelagerer sowie als organisierte

Kriminalität oder als Parallelgesellschaft bezeichnet). Damit einher geht die Vorstellung eines Gewaltmonopols über ein bestimmtes Territorium, das dann zum Staatsgebiet wird. Systeme mit konkurrierenden Gewalten, also ohne ausgeprägtes Gewaltmonopol, wie das europäische Mittelalter, stellen die Herrschenden vor Probleme und pendeln zwischen Herrschaft und Anarchie. Von außerhalb dieses Territoriums eindringende Konkurrenten (Feinde) müssen ferngehalten werden. Allerdings bedarf es sowohl der inneren als auch der äußeren Feinde, um die Ideologie (siehe unten, § 19.2) aufrecht erhalten zu können, Herrschaft sei notwendig zum Schutz der Beherrschten. Der Sieg über die Konkurrenten sollte aus Gründen der Machtrationalität niemals umfassend sein; das Gewaltmonopol muss sich stets als fragil (gefährdet) darstellen lassen.

2. ... Herausbildung differenzierter **Strukturen** der Herrschaftsausübung. Die Dynamik der staatlichen Strukturen skizziere ich unten (§ 19 bis § 24).

3. ... Herausbildung eines **Staatsvolk**s. Eine Identität der das Staatsterritorium definierenden Grenzen mit Volks-, Sprach- oder Kulturgrenzen lässt sich faktisch nirgends realisieren. Der »Nationalstaat« bleibt Fiktion. Meist wäre eine Grenzziehung entsprechend der natürlichen, außerstaatlichen Gegebenheiten gar nicht möglich, da in den Regionen der Grenzen stets eine Durchdringung von Völkern (Ethnien), Sprachen und Kulturen vorliegt. Darüber hinaus stimmen die Sprach-, Kultur- und Religionssowie Ethniegrenzen höchst selten miteinander überein; so umfasst ein Sprachraum mehrere Religionen, manche Religionen werden über viele Sprachen hinweg geglaubt usw. Das (historisch recht neue, inzwischen aber schon wieder veraltete) Konzept des »Nationalstaats« wirkte meist umgekehrt, nämlich als (ideologische) Behauptung,

die Menschen, die in einem mehr oder weniger zufällig, meist durch Kriege entstandenen Staatsterritorium leben, *sollten* sich gefälligst als »Einheit« fühlen (England, Italien, Deutschland, Russland, Ukraine sind Beispiele; in Afrika ist die Konstitution von Nationalstaaten tragisch an den ethnischen Gegebenheiten gescheitert). Wie dem auch sei, das Konzept des Volks oder der Nation gehört zum Bereich der Gesellschaft, also zum Widerstand gegen den Staat. Der Staat okkupiert es und macht es sich dienstbar.

**[§15]** Notiz zu den Begriffen »Staat« und »Herrschaft«. Ursprünglich wiesen anarchistische Theoretiker im 19. Jahrhundert darauf hin, der moderne Staat sei ein relativ neues Phänomen. Damit wollten sie andeuten, zuvor habe es nicht nur herrschaftsfreie Gesellschaften gegeben, vielmehr funktionierten weite Teile des alltäglichen Lebens und Arbeitens auch innerhalb der Herrschaftsgebiete ohne Einmischung durch einen Staat, sodass dessen behauptete strukturelle – oder »funktionale« – Notwendigkeit, um das tägliche Leben und Arbeiten zu meistern, nicht erkennbar sei. Heute setzt die herrschende Politikwissenschaft die Behauptung, der Staat sei ein neues Phänomen, mit verkehrter Intention ein, um zu »beweisen«, nur der fürsorgliche Staat, der für Gerechtigkeit sorgt und alles Handeln zum Besten Aller organisiert, sei wirklich Staat, und dieser wirkliche Staat habe die frühere böse Herrschaft abgelöst, die Herrschaft, die aus der Anarchie notwendig hervorgehe (weil es in der Anarchie kein Gewaltmonopol gebe, das die angeblich natürliche Gewalt eindämme). Wie gesagt, es ist tatsächlich fraglich, inwieweit man für das europäische Mittelalter – oder auch: für die griechische Antike – von einem *Staat* sprechen kann. Die ersten Herrschaftsformen sind ebenfalls sicherlich so wenig strukturell differenziert, dass sie mit heutigen Systemen schwer sich vergleichen lassen. Frühe Reiche wie zum Beispiel die in Ägypten, in Rom, in China oder im präkolumbianischen Südamerika aber hatten Differenzierungen (»Bürokratien«), die zwar auf ökonomisch anderer Basis standen, aber strukturell große Ähnlichkeiten mit dem heutigen System aufweisen.

[§16] Eine mögliche Unterscheidung von Herrschaft und Staat wäre, alles das als *Herrschaft* zu definieren, wo ein Erzwingungsstab die Befolgung der wie auch immer zustande gekommenen Befehle durchsetzt. *Staat* läge nur bei »ausreichender« (noch näher zu definierenden) Differenzierung der Herrschaft in organisatorischer und rechtlicher Hinsicht vor. Dann wäre Staat ein möglicher Fall von Herrschaft (keineswegs deren Aufhebung).

[§17] Inhaltliche Kriterien wie etwa, nur das sei wirklich ein Staat, der das Allgemeinwohl befördere, oder nur das sei wirklich ein Staat, der sich demokratisch-parlamentarisch legitimiere, sind demgegenüber Wachs in den Händen von Ideologen. Wie auch immer solch ein Kriterium aussieht, es würde dazu führen, dass die Mehrheit der Staaten, die Mitglieder der UNO sind, ihren Status als »Staat« verlieren würde. Ein definitorisch absurdes Ergebnis. Ich bevorzuge einen einheitlichen Begriff des Staats von der frühen Herrschaftsentstehung bis zum ausdifferenzierten Staat von heute. An der allgemeinen Theorie würde es freilich nichts ändern, wie auch immer man Herrschaft und Staat voneinander unterscheidet.

[§18] Die folgende **Definition** schlage ich fürs Dasein eines Staats vor: Es existiert ...

1. ... ein Erzwingungsstab (»Polizei«).
2. ... ein Territorium für den Geltungsanspruch des Gewaltmonopols. (Das Territorium kann die ganze Welt sein.)
3. ... ein Regelwerk der Herrschaftsorganisation.

Organisationen, welche den Anspruch auf Gewaltmonopol

in einem Territorium erheben, aber faktisch nicht durchsetzen, nenne ich *Protostaaten*. Ein Regelwerk haben allerdings auch solche Protostaaten, wenngleich oft nur implizit (z. B. Mafia-Banden, Guerilla, oder Islamischer Staat, der den Anspruch bereits im Namen erhebt). Organisationen ohne internes und wenigstens implizites Regelwerk sind höchstens vorübergehende Erscheinungen. Ihnen fehlt die Fähigkeit zur Dauerhaftigkeit.

## Verteilungs- oder Klassenkämpfe: Gesellschaftliche Dynamik in der Entwicklung des Staats

[§19] Vier Faktoren bestimmen die Entwicklung von aller Herrschaft, der eine gewisse Dauer eignet. Jeder dieser vier Faktoren spielt eine Rolle (fehlt einer der Faktoren, wird keine Dauer zu erreichen sein), freilich in jeder konkreten historischen und kulturellen Situation zu einem unterschiedlichen Grad.

1. **Verrechtlichung** oder Formalisierung (Regelwerk, Kodifizierung). Bei Tributpflicht tritt dieser Faktor am deutlichsten hervor. Die Tributpflicht ergibt sich aus einem Vertrag zwischen Siegern und Besiegten, den Besiegten aufgezwungen und dennoch mit gewisser Bindungskraft auch für die Sieger. Nicht nur moralisch gesehen, sondern auch ganz handfest ökonomisch: Falls die Sieger sich nicht zurückhalten bei der Höhe des Tributs, können sie unter Umständen nächstes Jahr mit Nichts dastehen. Willkürliche nachträgliche Änderungen reizen die Besiegten unter Umständen zum aktiven Widerstand mittels Gegenwehr oder zum passiven Widerstand mittels Verringerung der Arbeitsleistung. Die Tendenz zur Verrechtlichung ist bei Sklaverei sicherlich am geringsten ausgeprägt, die Sieger müssen jedoch zumindest untereinander den Umgang mit

ihrem »Besitz« regeln. Der Anspruch der Geltung eines Gewaltmonopols und die Bezeichnung des Staatsterritoriums fungieren als weitere Motoren der Verrechtlichung. Schließlich ist für die Dauerhaftigkeit der Herrschaft die Selbstbegrenzung der Ausplünderung unabdingbar, sodass die Gruppe der Herrschenden hierfür sich selber Regeln setzen muss. Die Verrechtlichung steht also ursprünglich am Beginn der Herrschaftsentwicklung; im Zusammenspiel mit den übrigen Faktoren erhält sie eine immer ausgebautere Rolle.

2. **Ideologie**. Die Herrschenden haben ein herausragendes Interesse daran, ihre Herrschaft nicht bloß auf stetige Gewaltandrohung zu gründen, vielmehr lässt ihre Position sich um so sicherer und um so günstiger aufrecht erhalten, je mehr die Unterworfenen daran glauben, ihre Position sei naturgegeben und moralisch unanfechtbar. Die Ableitung der Unanfechtbarkeit des herrschaftlichen Anspruchs kann aus dem Vertrag erfolgen (»heiliger ewiger Vertrag«) oder aus einer behaupteten »natürlichen« Überlegenheit der Sieger (»Herrenvolk«) über die Verlierer bzw. bei einer internen Eroberung aus der »natürlichen« Überlegenheit der Krieger (»Adeligen«, »Aristokraten«, »Optimaten«) über die Arbeitenden, die sie »beschützen«. Ein probates Mittel der moralischen Ideologie ist die Religion. Damit sei nicht behauptet, die Religion werde rein aus Herrschaftsinteresse heraus gespeist; die Herrschenden nutzen vielmehr die vorhandenen Religionen und funktionieren sie um. Instrumente dazu sind die beiden folgenden Faktoren, nämlich Privilegierung (3) und Okkupation (4). Weil zunächst die infrastrukturelle Notwendigkeit der Herrschaft für die Produktivität (der Bauern, der Handwerker und der Händler) nicht gegeben war, blieb als Rechtfertigung der Herrschaft meistens bloß das Bedrohungsszenario. Darum

musste immer für genügend Gegner (Angreifer) gesorgt werden. Doch tatsächlicher Krieg war auch teuer, sodass die religiös abgesicherten Erzählungen von Bedrohung eine wichtige Rolle spielten. Bis ins 20. Jahrhundert hinein waren Bauern, Handwerker und Händler selbst in den Kernländern der westlichen Industriestaaten »natürliche« konservative Anarchisten; schließlich wussten sie, dass die Herrschenden nichts für sie leisteten, und sie wollten ihre traditionelle Lebensweise befreit von Abgaben und von sie nur behindernden staatlichen Regeln verteidigen.

3. **Privilegierung**. Um den Widerstand unter den Unterworfenen gering zu halten und unter ihnen Verbündete zu gewinnen, müssen ausgewählte Einzelpersonen oder Personengruppen am Ausbeutungsgewinn beteiligt werden. Sie werden zu Nutznießern der Herrschaft (der Staatsgewalt). Dies können etwa Priester sein, denen dauerhaftes sicheres Einkommen, alleiniger Anspruch ihrer Religion im gegebenen Territorium, Durchsetzung ihrer moralischen Regeln auch gegen den Willen der Betroffenen angeboten wird. Auf diese Weise entstehen Amtskirchen und Staatsreligionen. Eine andere Möglichkeit der frühen Form einer Privilegierung ist etwa die Vergabe von Steuer- oder Zollbewirtschaftung: Einer Person wird als Recht zugestanden, in einem festgelegten Gebiet die Steuern oder Zölle zu erheben, von denen sie einen festgelegten Betrag an die Zentrale abführen muss. In entwickelten Staaten gibt es vielfältige Formen der Privilegierung, die ausgewählten Organisationen oder bestimmten Berufsgruppen eine Monopolstellung garantieren oder ihnen Subventionen gewähren. Die Privilegierung erfordert ein hohes Maß an intensiver Verrechtlichung, da der Anspruch jeder Gruppe von Privilegierten genau festgelegt werden muss. Zudem muss der Staat aber verhindern, dass die Privilegierten ihre

Position in einer Weise ausnutzen, die Unmut oder sogar Widerstand in der übrigen Bevölkerung aufkommen lässt. Der privilegierte Steuereintreiber darf nicht über das festgelegte Maß hinaus Abgaben erpressen. Der privilegierte Berufsausübende darf seinen Tarif nicht über Gebühr anheben. Privilegierte verlieren Freiheit und Autonomie.

4. **Okkupation**. Soziale Funktionen zu okkupieren und private Konkurrenz zu verbieten, bildet schließlich das Herzstück der staatlichen Entwicklung, die mit dem Begriff *Etatismus* gut bezeichnet ist. Die erste und wichtigste Okkupation stellt die des Rechts dar. Das heißt, die an der Freiheit der Person (bzw. verwandtschaftlichen Gruppe) und deren Eigentum orientierte Mediation, die sich auf Ausgleich und Konsens richtet, unterminiert man durch die Behauptung, die Herrschenden besäßen den legitimen Anspruch, in Regeln des Zusammenlebens einzugreifen, so etwa Tribut, Zoll und Steuern erheben oder Menschen als Eigentum besitzen und handeln zu dürfen. Mit zunehmender Differenzierung des Staats und mit zunehmendem Ausbau seiner Infrastruktur werden schließlich alle Konflikte vom Staat geregelt, sodass der Eindruck entsteht, als bestünde gar keine Möglichkeit der sozialen Regelung von Konflikten. Es gibt allerdings auch Chimären von Rechtssystemen, welche die gesellschaftliche und die staatliche Regelung allfälliger Konflikte miteinander verzahnen. So war das römische Recht ein staatlich gesetztes, doch die Richter blieben privat und Privatpersonen riefen sie an (es gab keine Staatsanwaltschaft). Erst das Christentum definierte eine Klasse von Vergehen, die nicht auf Basis dieses Privatrechts abzuurteilen war, die sogenannten opferlosen Delikte wie zum Beispiel Blasphemie oder Homosexualität. Im christlichen europäischen Mittelalter wiederum entstand eine weitere Form des staatlich-gesellschaftlichen

Hybridrechts mit vielen Inseln der Rechtsautonomie von Körperschaften. In der frühen Neuzeit entwickelte sich das Handelsrecht und das Privatrecht aus Kodizes, die zunächst sozial und nicht staatlich waren. Ihre Übernahme in das Staatsrecht erst machte es möglich, dass die Staaten zunehmend in ihren jeweiligen Interessen gegen die Gerechtigkeit und gegen die Gegenseitigkeit des Vertrags eingreifen konnten.

[§20] Neben dem Recht okkupierte der moderne Staat im Laufe des 19. und dann massiv im 20. Jahrhundert die gegenseitige Hilfe (Solidarität, Versicherungen usw.) und die Schule. Heute machen diese okkupierten Bereiche die Hauptsache der Aufgaben aus, die als Vorrecht des Staats angesehen werden, obwohl sie historisch erst ganz neu hinzu kamen. Diese Okkupation ist derart durchschlagend gelungen, dass der ideologische Eindruck sich fast vollständig durchsetzte, es gäbe überhaupt keine gesellschaftliche Bereitstellung von Hilfe gegen Krankheit, Armut und Alter, von Gesundheitsfürsorge und von Bildung (dies nenne ich *Spätetatismus*).

[§21] Die vier Faktoren – Verrechtlichung, Ideologie, Privilegierung, Okkupation – ergeben sich notwendig aus der Machtrationalität: Ohne sie ist Dauerhaftigkeit der Herrschaft unmöglich. Zugleich entfalten sie eine dynamische Kraft, das heißt, sie sind nicht als statische Gegebenheiten denkbar (selbst wenn die Ideologie konservativ auf Statik und auf Unveränderlichkeit abzielt wie im europäischen Mittelalter oder im konfuzianischen chinesischen Kaiserreich). Bereits der erste Pfeiler der Herrschaft, also der Erzwingungsstab, konstituiert eine partikulare Interessengruppe, die zwar an der Aufrechterhaltung der Herrschaft höchstes Interesse hat, aber ebenso an der eigenen guten Versorgung; diese gute eigene Versorgung ist ein Interesse, welches dem der Herrschenden nicht entspricht, denn sie müssen von ihrem Ausbeutungsgewinn abgeben. So verhält dies sich mit allen anderen Ausdifferenzierungen des Staats. Die Kirchen, die lange Zeit die Ideologieproduktion inne hatten (heute haben sie die Ideologieproduktion weitgehend an die Wissenschaft verloren), formulierten jeweils gesonderte Interessen. Innerhalb der Kirchen entstanden, bei hinreichender Größe ihrer Organisation, wiederum Subgruppen (im europäischen Mittelalter etwa Weltklerus versus Bettelmönche). Die zentralen Legitimierungen der heutigen Staatsgewalt – Wohlfahrt, Gesundheit, Bildung – stehen in Konkurrenz zueinander. In diesen Bereichen gibt es ihrerseits Subgruppen mit gegensätzlichen Partikularinteressen, so im Gesundheitswesen zum Beispiel Ärzteverbände, Krankenkassen, Pharmaindustrie. Neue Interessengruppen entstehen und drängen auf Beteiligung (im ausgehenden 19. und beginnenden 20. Jahrhundert etwa die Gewerkschaften).

[§22] Antriebe der Dynamik sind Verteilungs- oder Klassenkämpfe zwischen unterschiedlichsten Interessengruppen um Zugang zu Ressourcen und zur Gestaltung des Rechtsrahmens zu ihrem jeweiligen Vorteil.

[§23] Die Interessengruppen kämpfen zunächst »am Hofe« um Einfluss (und sei es, heute, das Parlament oder die Regierung) mittels persönlicher Beziehungen (Lobbyismus), mittels ökonomischem Druck (Erpressung) und – als Übergang zu gewaltsamen Formen des Verteilungskampfes – mittels militärischer Drohung. In den Staaten mit demokratisch-parlamentarischer Verfassung verlagert sich der Verteilungskampf der Interessengruppen zunehmend in die Öffentlichkeit: Es geht darum, den eigenen Vorteil als »Allgemeininteresse« zu deklarieren. Wer dies am besten beherrscht, obsiegt.

**[§24]** Die demokratisch-parlamentarischen Staaten sind von einem Burgfrieden (»Klassenkompromiss«) zwischen unterschiedlichen Interessengruppen gekennzeichnet, der die Einhaltung folgender Regeln voraussetzt:

1. Alle um die Verfügung über die Schalthebel der Staatsgewalt konkurrierenden Gruppen (»Parteiungen«) nehmen die Entscheidung der (idealtypischen) Mehrheit in einer Wahl nach dem zufällig gegebenen Verfahren (Mehrheits- oder Verhältniswahlrecht usw.) hin. Sie erkennen zudem das an, was in Kommissionen der Parlamente oder anderen von der Regierung eingesetzten Kommissionen als das Allgemeininteresse deklariert wird.

2. Die Ideologie muss volatiler sein, als es frühere religiöse Systeme waren. Was gestern als Allgemeininteresse galt, muss sich sofort umdefinieren lassen, wenn in einer Kommission oder in einer Wahl eine andere Entscheidung getroffen wurde. Diese ständige Umdeutung der Moral nimmt gegenwärtig erschreckende Ausmaße an, wenn sie teilweise von Woche zu Woche eine neue Formulierung erfährt. Jeder, der diese Bewegungen nicht mitmacht, verfällt der Ächtung.

3. Neben der Ideologie betrifft auch das Rechtssystem eine Veränderungsdynamik, die einem den Atem verschlägt. Da jeder erreichte Kompromiss der Interessengruppen zur Umformulierung von Gesetzen oder zumindest von Verordnungen führt, nahm die Zahl der neuen und der anders gestalteten Gesetze und Verordnungen derartig zu, dass nicht einmal die Experten der jeweiligen Rechtsgebiete sie kennen; beispielsweise ist es im zentralen Bereich des Staats, der Finanzverwaltung, nicht mehr gegeben, dass die Bediensteten Schritt halten können. Das große Versprechen der Rechtsstaatlichkeit, nämlich Transparenz und Verlässlichkeit des Rechts, hat sich ins Gegenteil ver-

kehrt: Es herrscht Undurchsichtig eines kaum noch ver-
lässlichen Rechtsrahmens.

4. Als Gegenleistung für diese Hinnahme der Mehrheits-
entscheidung durch die Minderheit muss die Mehrheit für
den demokratisch-parlamentarischen Klassenkompromiss
akzeptieren, die Minderheit (a) nicht zu verfolgen sowie
(b) der Minderheit keinen inakzeptablen ökonomischen
Schaden zuzufügen. Während (a) zumindest definitorisch
einfach einzulösen ist (in der Hitze der politischen Kämpfe
kommt es aber immer wieder zu Zensurversuchen), ist das
Kriterium (b) hochgradig unbestimmt: Ab welchem Punkt
fühlt die Minderheit sich inakzeptabel geschädigt?

## Grundlagen

**1.** *Das libertäre Manifest: Zur Neubestimmung der Klassen-
theorie.* ⊡ Früheste Formulierung der vorgestellten Theorie
der Staatsentstehung und -entwicklung, zudem die genaue
Skizzierung der in der Dynamik von Staat und Widerstand
sich ergebenden Klassenstrukturen und Klassenkämpfe.
2001 zuerst erschienen, 2012 überarbeitet (edition g. 104),
enthält es Überlegungen, die teils bis in den Anfang der
1980er Jahre zurückreichen – wie etwa die Differenzierung
in externe und interne Eroberung und die vier Faktoren der
Entwicklung des Staats: Verrechtlichung, Ideologie, Privilegierung und Okkupation.

**2.** *Die Katastrophe der Befreiung: Demokratie und Faschismus.*
Teils 1998; 2015, edition g. 107. ⊡ Analyse des Zusammen-
hangs von Demokratie und totalitären Entwicklungen. Im
Anhang ein Briefwechsel mit dem Erkenntnistheoretiker
Paul K. Feyerabend 1982-83.

**3.** *Widerstand: Aus den Akten Pinker versus Anarchie.* 2016,
edition g. 109. ⊡ Dieses Buch enthält die ethnologischen
Grundlagen zur Beschreibung der Ur-Anarchie, der Staats-

entstehung und Staatsentwicklung in Auseinandersetzung mit dem modernen Hobbesianer Steven Pinker, welcher behauptet, selbst die schlimmste Tyrannei sei besser als Anarchie.

**4**. *Einladung zur Freiheit: Werkbuch libertäre Theorie u. Praxis.* 2020, edition g. 118. ⊟ Zusammenfassende Darstellung der libertären Staatstheorie (inklusive Auseinandersetzung mit klassischen und modernen Theorien zur Legitimierung des Staats), der Anarchie als Alternative zur Staatsgewalt sowie der libertären Bewegung.

**5**. *»Verschwinde, Staat!« Weniger Demokratie wagen.* 2019, edition g. 115. ⊟ Alle Argumente gegen die Vorstellung, Demokratie könne Staatsgewalt legitim machen. Enthält darüber hinaus drei wesentliche Essays aus dem Bereich des klassischen Anarchismus: Emma Goldman (1909) und Gustav Landauer (1911, 1915). Zum klassischen Anarchismus vgl. auch Walter Benjamin, Hugo Ball, Ricarda Huch, *Bakunin* (von mir ediert; 2020, edition g. 116) und Michael Bakunin, *Unterschied ist Leben, Harmonie der Tod* (ein erstmals durch mich übersetzter Brief 1872 zur Lage in Italien nach dem Tod von Guiseppe Mazzini; 2020, edition g. 117), sowie Pierre-Joseph Proudhon, *Für dezentrale Nationen* (drei durch mich erstmals übersetzte Essays gegen die Bewegung zur militärischen italienischen Einigung 1862 und 1864; 2022, edition g. 122). Vgl. auch *Nur ein altmodisches Liebeslied? Glanz & Elend des klassischen Anarchismus*, 2023, edition g. 127.

**6**. *Rothbard denken.* 2021, edition g. 120. ⊟ Entwicklung einer radikalen und radikal erschreckenden These in Anschluss und als Weiterführung des Denkens von Murray Rothbard: Die Staatsgewalt greift nicht nur punktuell in die gesellschaftliche Struktur ein, vielmehr formiert sie die Gesellschaft in ihrem Sinne.

**7**. ... *mit Verziehungsauftrag: Werkbuch kritische Schulpolitik.* 2020, edition g. 119. ⊡ Okkupation am Beispiel »Schule«: Wie der Staat die Bildung monopolisiert und dann frech behauptet, es gäbe gar keine Möglichkeit, Bildung anders zur Verfügung zu stellen als durch seine Gewalt. Siehe auch *Pädagogik mit beschränkter Haftung: Kritische Schultheorie* mit Texten, von denen einige bereits in den 1980er Jahren verfasst wurden (edition g. 105). Auch meine Habilitation schrieb ich über die Kritik am Schulsystem, *Legitimität und Praxis – Öffentliche Erziehung als pädagogisches, soziales und ethisches Problem: Studien zur Relevanz und Systematik angelsächsischer Schulkritik* (1986).

**8**. *Politik macht Ohnmacht: Demokratie zwischen Rechtspopulismus und Linkskonservativismus.* 2017, edition g. 108. ⊡ Analyse der Dynamik staatlicher Entwicklung anhand aktueller Beispiele. Daneben rund 50 Seiten über nichtstaatliche Alternativen zum Sozialstaat.

**9**. *Mit Marx gegen Marx: 11 x 11 Thesen.* 2014, edition g. 111. ⊡ Karl Marx ist völlig ungeeignet, den bolschewistisch-revolutionären oder reformistisch-sozialdemokratischen Staatskommunismus bzw. Staatssozialismus zu begründen und ebensowenig den grün-romantischen Etatismus.

# Anmerkungen

1 Christian Sigrist, *Das gesellschaftliche Milieu der Luhmannschen Theorie*, in: Das Argument 178 (1989), S. 837.

2 Jacques Derrida, *Adieu* (1997), München 1999, S. 122.

3 Paul Goodman, *Das Verhängnis der Schule* (1964), Frankfurt/M. 1975, S. 18f, S. 22.

4 Paul Goodman, *Der gegenwärtige Stand der Erziehung* (1969), in: ders., *Einmischung: Ein Reader*, Bergisch Gladbach 2011, S. 125.

5 Niklas Luhmann, *Das Erziehungssystem der Gesellschaft* (im weiteren Verlauf: **Erziehungssystem_1998**), Frankfurt/M. 2002, S. 123.

6 Paul Goodman, *Der gegenwärtige Stand der Erziehung* (1969), in: ders., *Einmischung: Ein Reader*, Bergisch Gladbach 2011, S. 113.

7 Für Weiteres siehe das Kapitel »Die Machtfrage«.

8 Erziehungssystem_1998, S. 68.

9 Erziehungssystem_1998, S. 68f.

10 Erziehungssystem_1998, S. 76.

11 Erziehungssystem_1998, S. 69.

12 Erziehungssystem_1998, S. 114.

13 Erziehungssystem_1998, S. 130.

14 Erziehungssystem_1998, S. 70; S. 135ff.

15 Erziehungssystem_1998, S. 97ff.

16 Vgl. Murray Rothbard, *Conceived in Liberty*, Band 5 (ca. 1980; posthum erschienen), Auburn, AL 2019, S. 241.

17 Ab den 1930er Jahren bezeichnet der Begriff »liberals« in den USA Vertreter der zentralen Staatsgewalt, vergleichbar mit europäischen Sozialdemokraten, nicht mehr Liberale im aufklärerischen Sinne.

18 Pierre Bourdieu, *Über den Staat* (Vorlesungen 1989-1992), Berlin 2017, S. 123.

19 Erziehungssystem_1998, S. 157.

20 Vgl. Murray Rothbard, *Power and Market*, 1970.

21 Niklas Luhmann und Karl-Eberhard Schorr, *Reflexionsprobleme im Erziehungssystem* (im Folgenden: **Erziehungssystem_1979**), Stuttgart 1979, S. 257.

22 Abschluss- durch Aufnahmeprüfungen zu ersetzen, war einer der Implikationen Goodmans in *Compulsory Mis-education* (1964; zit. n. New York 1966, S. 127f; dt. Frankfurt/M. 1975, S. 92). In dem Essay *Der gegenwärtige Stand der Erziehung* (vgl. Anm. 4) schlägt Goodman den Jugendlichen vor, »Zulassung und Anstellung ohne

Rücksicht auf nichtssagende Diplome« zu fordern (S. 127). Als eine Möglichkeit erwähnt Luhmann (Erziehungssystem_1998, S. 66) Aufnahme- statt Abschlussprüfungen, diskutiert aber nicht, warum Abschlussprüfungen sich als Code der Berechtigung durchsetzten.

23 Vgl. Stefan Blankertz, *Pädagogik mit beschränkter Haftung: Kritische Schultheorie*, Berlin 2015; ders., *... mit Verziehungsauftrag: Werkbuch kritische Schulpolitik*, Berlin 2020.

24 »Zahlenmäßig weit wichtiger als die offenen Drop-outs mit 16 sind freilich die Kinder, die im Alter zwischen 6 und 16 oder 20 brav die Schule besuchen, aber innerlich ausflippen und tagträumen und ihre Zeit verschwenden; ihre Freiheit ist eingesperrt und reglementiert. Und davon gibt es viele in der Mittelschicht, aus Verhältnissen mit genügend Nahrung, einigen Büchern und etwas Kunst: Die Erwartung von Geld und Status verführt den Jugendlichen, aber mehr noch erschreckt es ihn, die einzige ihm bekannte Weise des Lebens zu gefährden.« Paul Goodman, *Compulsory Mis-education* (vgl. Anm. 22), S. 23 (in meiner jugendlichen Übersetzung, S. 23, fällt mir gerade ein Fehler auf).

25 Erziehungssystem_1998, S. 131.

26 Erziehungssystem_1979, S. 250.

27 Erziehungssystem_1998, S. 39

28 Paul Goodman, *Das Verhängnis der Schule* (Compulsory Mis-education, 1964), Frankfurt/M. 1975, S. 11.

29 Erziehungssystem_1998, S. 125, S. 71.
Erziehungssystem_1979, S. 275.

30 Erziehungssystem_1979, S. 274f.

31 Erziehungssystem_1998, S. 123. Vgl. auch Anm. 122.

32 Erziehungssystem_1998, S. 72.

33 Spätestens ab hier wäre es lächerlich, weiter von »Erziehungssystem« zu sprechen. Es handelt sich bei Luhmanns Theorie um eine des Schul-, bestenfalls des Bildungssystems.

34 Vgl. E. G. West, *Education and the Industrial Revolution*, 1975.

35 Vgl. James Tooley, *The Beautiful Tree*, Washington, DC 2009.

36 Erziehungssystem_1998, S. 136f.

37 Erziehungssystem_1998, S. 126-129.
Erziehungssystem_1979, S. 263-274.

38 Erziehungssystem_1979, S. 241.

39 Erziehungssystem_1998, S. 130.

40 Vgl. Marva Collins und Civia Tamarkin, *Marva Collins' Way*, 1982.

41 Erziehungssystem_1998, S. 154.

42 Erziehungssystem_1998, S. 139.

43 Erziehungssystem_1998, S. 116.

44 Erziehungssystem_1998, S. 107, S. 121.

45 Erziehungssystem_1998, S. 108.

46 Siegfried Bernfeld, *Sisyphos oder die Grenzen der Erziehung* (1925), Frankfurt/M. 1970, S. 98-106.

47 Erziehungssystem_1998, S. 131.

48 Erziehungssystem_1998, S. 116.

49 Erziehungssystem_1998, S. 136f.

50 Christian Sigrist, a.a.O. (Anm. 1), S. 845.

51 Erziehungssystem_1998, S. 49.

52 Von Reformatoren ist dagegen nichts zu lesen. Auch Pietismus und sein Einfluss auf die Schulentwicklung in Preußen hat in Luhmanns Erzählung keinen Platz. Es geht hier nicht um Kleinlichkeit, er habe etwas vergessen, sondern darum, dass er Gleichschritt unterstellt.

53 Erziehungssystem_1998, S. 86ff.

54 Erziehungssystem_1998, S. 189.

55 Christian Sigrist, a.a.O. (Anm. 1), S. 849.

56 Dieses Buch mit dem Titel »Macht im System« erschien wie Erziehungssystem_1998 posthum, 2013 herausgegeben von André Kieserling. Zu Lebzeiten wurden allerdings Teile daraus publiziert. Das Manuskript verfasste Luhmann Ende der 1960er Jahre. Im Folgenden: **Macht_1969** (Berlin 2013).

57 Im Folgenden: **Macht_1975** (zit. n. Konstanz 2012).

58 Macht_1969, S. 13f, S. 46.

59 Indem ich mich auf die Schulpflicht als Beispiel beschränke, lasse ich weitere Aspekte in der Machttheorie Luhmanns außen vor.

60 Macht_1969, S. 17ff, S. 116. Macht_1975, S. 18f.

61 Macht_1969, S. 119.

62 In Macht_1975, S. 16, ist dies als »Zwang« definiert, »etwas konkret genau Bestimmtes zu tun«; zur dialektischen Beziehung zwischen Macht und Zwang nach Luhmann siehe §36ff.

63 Merkwürdig ist die landläufige Rede vom »schulpflichtigen Kind«, denn es sind die Eltern, auf die die Macht ausgeübt wird, ihr Kind zur Schule zu schicken. Dies ist eine Form der »Transitivität«, die unter Punkt 4 zu behandeln sein wird.

64 »Erziehungsberechtigung« ist falsch formuliert: Es handelt sich um eine vom Staat verliehene Macht, die er jederzeit nach Belieben oder nach von ihm selbst gesetzten Regeln widerrufen kann.

65 Obwohl die BRD keine Verfassung, sondern ein Grundgesetz hat, heißt es »Bundesverfassungsgericht«. Entlarvende Spitzfindigkeit.

66 Streng genommen handelt es sich bei C hier um eine formalisierte »Blockiermacht«, die Luhmann in Macht_1975, S. 94, bedauert, weil sie die Reibungslosigkeit der Machtausübung in Frage stellt. Aber der Begriff der »Blockiermacht« wird von Luhmann nicht systematisch entfaltet. Vgl. Anm. 70 und Anm. 83.

67 Macht_1975, S. 34f.

68 Der Einfachheit halber sei hier Homeschooling unter Alternativ-schule subsummiert.

69 Macht_1975, S. 65f.

70 Analog zur *formalisierten* Blockiermacht des Gerichts (vgl. Anm. 83) wäre das als *informelle* Blockiermacht der Eltern zu bezeichnen.

71 Macht_1969, S. 20ff, S. 120. Macht_1975, S. 29.

72 Der Begriff steht hier, weil er ein Fragezeichen hinter Luhmanns Einschränkung des Erziehungssystems auf die Schule macht.

73 Zum Begriff des »Zwangs« siehe § 36ff.

74 Macht_1969, S. 23ff, S. 105.

75 Macht_1975, S. 13.

76 Macht_1969, S. 51, S. 55, S. 143.

77 Stefan Blankertz, *Rothbard denken*, Berlin 2021.

78 Stefan Blankertz, *... mit Verziehungsauftrag: Werkbuch kritische Schultheorie*, Berlin 2020.

79 Vgl. Anm. 130.

80 Macht_1969, S. 33ff, S. 90, S. 105, S. 126.

81 Macht_1975, S. 49, S. 61.

82 Macht_1975, S. 62.

83 Macht_1975, S. 94. Vgl. Anm. 66 und Anm. 70.

84 Macht_1969, S. 73f.

85 Macht_1969, S. 68.

86 Macht_1969, S. 17ff.

87 Macht_1969, S. 35ff, S. 105, S. 126f, S. 130f.

88 Macht_1969, S. 96f.

89 Macht_1969, S. 86f. Macht_1975, S. 16, S. 31, S. 44, S. 74.

90 Macht_1975, S. 59.

91 Herbert Marcuse, *Der eindimensionale Mensch*, 1964.

92 Macht_1975, S. 7, S. 36, S. 119.

93 Macht_1969, S. 28ff. Macht_1975, S. 23.

94 Vgl. Stefan Blankertz, Emma Goldmann, Gustav Landauer, *Verschwinde, Staat! Weniger Demokratie wagen*, Berlin 2019.

95 Macht_1975, S. 64f, S. 91f.

96 Am Beispiel des Prozesses der Verfassungsgebung der USA: Stefan Blankertz, *Nur ein altmodisches Liebeslied? Glanz und Elend des klassischen Anarchismus*, Berlin 2023, S. 208-218.
Und allgemein: Stefan Blankertz, *Widerstand*, Berlin 2016.

97 Macht_1975, S. 33.

98 Macht_1969, S. 58-69. Macht_1975, S. 83-89.

99 Macht_1975, S. 16, S. 70. »Zwang« kommt zwar bereits in Macht_1969 vor (S. 123), aber noch nicht so akzentuiert und abgegrenzt gegen den Macht-Begriff.

100 Macht_1969, S. 95: »Vorgesetzte« und »Untergebene«, das kann sich sowohl auf staatliche Bürokratie als auch soziale Organisation beziehen. In Macht_1975, S. 69, taucht auf einmal der »Betrieb« (ausdrücklich ist eine produzierende Firma gemeint) auf. Luhmanns Nichtunterscheidung zwischen freiwillig-friedlicher und herrschaftlich-gewaltsamer Vergesellschaftung ist die Kehrseite dessen, dass Widerstand, wie Sigrist sagt, keine Systemkategorie darstellt. Hier trifft Luhmann sich mit der etatistischen Linken, die dem morgendlich durch sein Klingeln zur Arbeit rufenden Wecker den gleichen Terror zuschreibt wie dem Sklaventreiber.

101 Vgl. David Fleischer und David M. Freedman, *Death of an American: The Killing of John Singer*, New York 1983. Dokumentiert wird der Fall des Mormonen John Singer, widerrechtlich (aber im Geist seiner Religion) mit zwei Frauen verheiratet, der seine zehn Kinder widerrechtlich zu Hause unterrichtete (entgegen einem in der BRD verbreiteten Vorurteil ist Homeschooling nicht durchgängig in den USA erlaubt und meist an behördliche Genehmigung gebunden). Da er sich weigerte, dem Sheriff Zugang zu seiner Farm und Zugriff auf seine Kinder zu gewähren, wurde er vom Sheriff im Vollzug seiner Dienstpflicht erschossen.

102 Macht_1969, S. 72: »Drohung mit Ausscheiden«.

103 Macht_1969, S. 49.

104 Macht_1975, S. 103.

105 Macht_1969, S. 85, S. 139.

106 Macht_1975, S. 25

107 Macht_1975, S. 58.

108 Macht_1975, S. 91.

109 **Jürgen Markowitz**, *Verhalten im Systemkontext: Zum Begriff des sozialen Epigramms – diskutiert am Beispiel des Schulunterrichts*, Frankfurt/M. 1986, S. 70ff.

110 Jürgen Markowitz, S. 255.

111 Jürgen Markowitz, S. 214ff.

112 Jürgen Markowitz, z. B. S. 90 (Primaten), S. 113 (Delphine).

113 Jürgen Markowitz, S. 275: »Die Mitglieder eines Interaktionssystems [beziehen] sich ›immer schon‹ – in einer nur selten bewußten Weise – auf das eigentümliche Gefüge der Jeweiligkeit des Systems, eben auf die Struktur dessen, was hier als die Aktualität des Epigramms zu fassen versucht wurde.«

114 Jürgen Markowitz, S. 17.

115 Erziehungssystem_1998, S. 123.

116 Jürgen Markowitz, S. 269.

117 Jürgen Markowitz, S. 76, S. 81ff.

118 Jürgen Markowitz, S. 190.

119 Jürgen Markowitz, S. 74ff, S. 81.

120 Jürgen Markowitz, S. 13.

121 Jürgen Markowitz. S. 39.

122 »Natürlich, wenn die Abschlusszeugnisse der Schulen eine Vor-bedingung für die Einstellung von Jugendlichen sind, gibt es eine unmittelbare Beziehung zwischen Schuljahren und Beruf.« Paul Goodman, *Compulsory Mis-education* (vgl. Anm. 22), engl. S. 54, dt. S. 43.

123 Jürgen Markowitz, S, 11.

124 Jürgen Markowitz, S. 59. Bei dem zitierten Soziologen handelt es sich um Wayne C. Gordon (1941-2020).

125 Jürgen Markowitz, S. 59.

126 Jürgen Markowitz, S. 60f.

127 Jürgen Markowitz, S. 66.

128 Jürgen Markowitz, S. 39. Siehe oben Anm. 121.

129 Jürgen Markowitz, S. 71.

130 Karl Oswald Bauer im Vorwort zu: Pierre W. Kemna, *Messung pädagogischer Basiskompetenzen von Lehrerinnen und Lehrern*, Münster 2012, S. 9.

131 Jürgen Markowitz, S. 80.

132 Jürgen Markowitz, S. 81.

133 Jürgen Markowitz, S. 190.

134 Jürgen Markowitz, S. 82.

135 Jürgen Markowitz, S. 273.

136 Jürgen Markowitz, S. 267.

137 Jürgen Markowitz, S. 260.

138 Jürgen Markowitz, S. 155.

139 Jürgen Markowitz, S. 166.

140 Jürgen Markowitz, S. 155.

141 Jürgen Markowitz, S. 155.

142 Jürgen Markowitz, S. 145.

143 Jürgen Markowitz, S. 291.

144 Jürgen Markowitz, S. 269. Siehe oben Anm. 116.

145 Jürgen Markowitz, S. 39. Siehe oben Anm. 121.

146 Die freilich erst posthum durch den Herausgeber Dorwin Cart-wright einer Reihe von sozialwissenschaftlichen Essays so genannt wurde: *Field Theory in Social Science* (1951). Den Feldbegriff führte Wolfgang Köhler in die (Gestalt-) Psychologie ein. Lewin nannte seinen Ansatz »(kausal-) dynamische Theorie«, »Vektorpsychologie«, »Topologie« und »Hodologie« (sein eigener Kunstbegriff nach griechisch ὁδός »hodós«, Weg).

147 Stefan Blankertz, *Kurt Lewins Kritik der Ganzheit* (2017), erweiterte Ausgabe 2020.

148 Kurt Lewin, *Die psychologische Situation bei Lohn und Strafe* (1931), hg. von Stefan Blankertz, 2020. Im Folgenden: **Lewin_1931**.

149 $V = f(P,U)$.

150 Bewegung auch im übertragenen Sinne als Denkbewegung.

151 Lewin bezog sich auf den mathematischen Begriff der Topologie, die »Jordan-Kurve«.

152 Man denke (sic) an die Metapher »Denkwege«.

153 Erziehungssystem_1998, S. 157.

154 *The Role of Government in Education*, 1955; später in: *Capitalism and Freedom*, 1962. Eine Verwendung des Theorems in der Erziehungswissenschaft, namentlich der deutschen, fand kaum statt. Zu den wenigen Ausnahmen zählt David Nasaw, *Schooled to Order* (1979).

155 Lewin_1931, S. 23 ff.

156 Genau dies ist das Argument des Soziologen und Theoretikers der Professionalisierung Ulrich Oevermann (in: *Brauchen wir heute noch eine gesetzliche Schulpflicht und welches wären die Vorzüge ihrer Abschaffung?*, Pädagogische Korrespondenz Nr. 30 [2003]): Die Schulpflicht sei ursprünglich notwendig gewesen (S. 66f), heute aber nicht mehr (S. 67), weil der Schule sich nur noch jemand entziehen würde, der »schlicht [so] verrückt« sei, wie derjenige, der sich medizinisch selbst versorge, statt zum Arzt zu gehen (S. 57). Vgl. auch meine Antwort auf Oevermann im gleichen Heft, *Privilegierung oder Standesinteressen?*, S. 80-84.

157 In der BRD hat das Bundesverfassungsgericht am 31. 5. 2006 die Klage von religiös orientierten Eltern gegen die Schulpflicht behandelt und lehnte deren Anliegen ab (2 BvR 1693/04).

158 Dem Ausweichen in die Irrealitätsebene bei starker Repression und Angst widmet Lewin eine lange Passage, in der er eine autobiografische Erinnerung Tolstois analysiert (Lewin_1931, S. 64 ff).

159 Vgl. oben S. 56f.

160 Lewin_1931, S. 21f, S. 101 ff. Lewin lehnt die Formulierung ab, eine erzwungene Handlung sei »energieärmer«. Sie kann viel Energie enthalten, aber diese Energie ist nicht vollständig auf die Zielerreichung gerichtet. Lewin_1931, S. 15.

161 Zu einer Definition von Freiwilligkeit via Austrittsrecht (durch den Einzelnen) einerseits und via Ausschlussrecht (durch die Gruppe) andererseits vgl. Stefan Blankertz, *Einladung zur Freiheit: Werkbuch libertäre Theorie und Praxis*, 2020, S. 135 ff.

162 Lewin_1931, S. 77 ff.

163 Paul Goodman, *Compulsory Mis-education*, 1964.

164 Lewin_1931, S. 79.

165 1973 Gründung der »Zentralstelle für die Vergabe von Studienplätzen« (ZVS); ab 2010 »Stiftung für Hochschulzulassung« (SfH).

166 Selbstverständlich gibt es für Schüler (und Eltern: EX) noch einen
weiteren Grund dafür, Klasse, Kurs oder gar die Schule welchseln
zu wollen: eine Animosität zwischen Schüler und Lehrer oder unter
den Mitschülern (Stichwort: Mobbing). Die hier aufgeführte
Klassifikation des Verhaltens beschränkt sich jedoch auf die
Probleme, die in dem Zusammenhang mit der Schulpflicht und
mit dem Berechtigungswesen auftreten.

167 Zu Beginn von Lewin_1931 lässt er ausdrücklich die Frage offen,
»ob etwa überhaupt eine Möglichkeit besteht, Lohn und Strafe [als
pädagogisch-erzieherisches Mittel] [ganz] zu vermeiden« (S. 13).

# Personenregister

# Sachregister

STEFAN BLANKERTZ

# ... MIT ▽ERZIEHUNGS-
# △UFT℞△G

## Werkbuch kritische Schulpolitik

### edition g. 119

**Rothbard Institut**
FÜR IDEOLOGIEKRITIK

204 Seiten · ISBN 978-3-7526-7330-2